Paul Seitz

Großvaters
Kräuterwissen

Paul Seitz

Großvaters
Kräuterwissen

KOSMOS

Impressum

Mit 190 Farbfotos, 54 Farbillustrationen und einer Schwarzweißillustration von
U. Borstell, Essen: Vor- und Nachsatz, 1, 24, 34, 39, 40, 49, 50, 52/53, 56, 60, 62, 68, 72, 96, 97 (beide), 116 ur, 120, 124, 127 l, 139 r, 145 ul, 170/171; H. E. Laux, Biberach/Riß: 10, 15, 16, 20, 42, 44, 70, 74, 76, 83 r, 84, 85, 86/87 (beide), 89, 90, 91, 105, 109 u, 110, 112, 113, 114, 116 l, 116 or, 117, 118 r, 119 l, 121 (beide), 125 (beide), 128, 129 or, 129 u, 131 l, 136 r, 139 l, 143 l, 151 o, 155, 156 r, 157 u, 160, 161 u, 163 o, 167, 168 l, 169, 170/171; E. Pforr, Langenpreising: 23, 29; M. Pforr, Langenpreising: 5 u, 9, 31, 45 l, 45 r, 48, 61, 63 (alle vier), 64, 106, 109 o, 118 l, 122 o, 126 r, 129 ol, 130, 134 l, 136 l, 140 l, 145 o, 150 r, 151 u, 153, 154 r, 156 l, 159 r, 162o, 165 r; Reinhard-Tierfoto, Heiligkreuzsteinach-Eiterbach: 2/3, 5 o, 6/7 (alle drei), 8, 10/11, 13, 17, 20/21, 22, 27, 27, 34/35 (beide), 37, 42/43, 66, 68/69, 74/75, 77 u, 80, 82, 83 l, 100/101 (beide), 103,104, 110/111, 115, 122 ur, 133 (beide), 134 r, 137, 140 r, 141 r, 142, 144, 145 ur, 146, 147, 148, 152 o, 157 o, 161 o, 165 l, 168 r, 170 l; Sahara Werbeagentur, R. Roppelt, Stuttgart: 92, 98; P. Schönfelder, Pentling: 47, 93, 123, 126 l, 127 r, 131 r, 132, 135 u, 141 l, 149, 150 l, 152 o, 154 l, 158 (beide), 159 l, 162 u, 164, 166; P. Seitz, Stadtallendorf: 32, 52, 54, 71, 77 ol, 77 or, 102, 119 r, 135 o, 138, 143 r, 152 u, 163 u.
Farbillustrationen von R. Hofmann, München: 11, 27, 30, 38, 39, 48, 55 o, 59, 62, 67, 73, 81, 88, 93, 105, 107, 108, 118, 122, 123, 128, 131, 135, 140, 146, 156, 159, 163, 164 o, 164 u, 166.
Schwarzweißillustration von H. Lünser, Berlin: 41.
Die Illustrationen auf den Seiten 26, 28, 40, 41, 46, 47, 55 u, 27, 58, 78, 79, 95, 104 stammen von H. Lünser und wurden von R. Hofmann koloriert.

Umschlaggestaltung von Atelier Reichert, Stuttgart, unter Verwendung von zwei Farbfotos von Reinhard-Tierfoto, Heiligkreuzsteinach-Eiterbach (Hintergrund) und F. Strauß, Au/Hallertau (Vordergrund).

Die Deutsche Bibliothek – CIP-Einheitsaufnahme
Ein Titelsatz für diese Publikation ist bei der Deutschen Bibliothek erhältlich

Gedruckt auf chlorfrei gebleichtem Papier
2. Auflage
© 1997, 2002, Franckh-Kosmos Verlags-GmbH, Stuttgart
Alle Rechte vorbehalten
ISBN 3-440-09359-X
Redaktion: Carolin Krank
Produktion: Ralf Paucke
Satz: DOPPELPUNKT Auch & Grätzbach, Leonberg
Druck und Bindung: Graspo a.s. CZ, Zlin
Printed in Czech Republic / Imprimé en République tchèque

In diesem Buch werden Hinweise zur Naturheilkunde gegeben. Nur auf die beschriebenen Arten trifft die angegebene Verwendung zu, ihr Gebrauch setzt daher ihre sichere Kenntnis voraus.
Heilpflanzentees sollten immer nur beschränkte Zeit und nicht länger als nötig eingenommen werden, auch Hausteemischungen sollte man öfter wechseln. Behandelt werden dürfen nur leichtere Gesundheitsstörungen, die keiner ärztlichen Behandlung bedürfen. Den Arztbesuch kann dieses Buch auf keinen Fall ersetzen. Auch dürfen verschiedene Kräuter, wie z. B. Rosmarin, nicht während der Schwangerschaft eingenommen werden.
Alle Angaben in diesem Buch sind sorgfältig geprüft und geben den neuesten Wissensstand bei der Veröffentlichung wieder. Da sich das Wissen aber laufend in rascher Folge weiterentwickelt und vergrößert, muß jeder Anwender prüfen, ob die Angaben nicht durch neuere Erkenntnisse überholt sind. Dazu muß er zum Beispiel Beipackzettel zu Dünge-, Pflanzenschutz- bzw. Pflanzenpflegemitteln lesen und genau befolgen sowie Gebrauchsanweisungen und Gesetze beachten.

Großvaters Kräuterwissen

Inhalt

Inhalt

Zum Geleit

Die Kräuterkunde, das Wissen über die Heil- und Würzkräfte der Pflanzen, ist so alt wie die Geschichte der Menschheit. Mit Instinkt, Beobachtungsgabe und Erfahrungen wurden die wirksamen Arten erspürt, gesammelt und auch bereits in den Urgärten angebaut. Sie waren Medizin und Zaubermittel, um Krankheiten bei Mensch und Haustier abzuwehren und Würzmittel, um den Geschmack und die Verdaulichkeit der Nahrung zu verbessern. Die Gärten unserer frühen Vorfahren sind schmucklos gewesen und recht einfach genutzt worden. Trotzdem galt das „Zaunland" den Germanen als heilig und unverletzbar. Es wurden bereits Kümmel, Mohn, Lein und Frühformen unserer heutigen Petersilie kultiviert.

Die eigentliche Gartenkultur kam mit den römischen Soldaten über die Alpen in die besetzten Provinzen. Und zwar mit Zwiebelarten wie Lauch und Knoblauch, Koriander, Kerbel, Dill, Kresse und Minzearten.

Vor allem dem Benediktinerorden ist nach der Verdrängung der Römer die Weiterentwicklung der heimischen Kräuterkunde zu verdanken. Die christlichen Mönche, berufen Kranke zu heilen und Armen zu helfen, kultivierten die heilsamen Pflanzen in den spitalnahen Heil- und Wurzgärten. Aus den Burggärten der höfisch-ritterlichen Gesellschaft brauchte man in den oft recht kriegerischen Zeiten Arzneipflanzen zur Wund- und Krankenpflege.

Die Tollkirsche war vermutlich schon den Menschen im 2. Jh. n. Chr. bekannt.

Über Kloster- und Burggärten gelangten die wichtigsten Kräuterarten schließlich auch in die Bauern- und Bürgergärten.

Überliefertes Kräuterwissen wurde von Generation zu Generation weitergegeben, allerdings auch nicht selten mit Aberglauben vermischt und jeweils durch eigene Erfahrungen ergänzt. Daraus entstand das weite Gebiet der Volksmedizin, deren wesentliche Teilbereiche inzwischen wissenschaftlich bestätigt werden konnten. Diese allgemeine Pflanzenheilkunde dient heute vielfach der Neuorientierung moderner Heilverfahren und als Grundlage der biologischen Medizin.

Mit Großvater
durchs Jahr

Januar

Planung
Aufstellen einer Bedarfs- und Be-stell-Liste für Samen, Pflanzen und Zubehör. Ideen-Skizzen für eine Neu-planung oder Umgestaltung des Kräutergartens anfertigen. Namens-schildchen überprüfen und eventuell neu beschriften.

Bodenproben
Für vorgesehene Neuanlagen Boden-proben entnehmen und untersuchen lassen.

Keimprobe
Keimproben von überlagertem Saat-gut vornehmen.

Aussaat
Aussaaten für Keimsprossen-Kultu-ren.

Pflanzenschutz
Vorsorge im biologischen Pflanzen-schutz durch angemessene Vogelfüt-terung und dem Bau von Nistkästen für Singvögel.

Gartengestaltung
Kreative Arbeiten in Stein, Schmie-deeisen, Ton oder Keramik zur attrak-tiven Gartengestaltung.

Februar

Planung
Skizzen anfertigen für den Kräuter-garten auf Balkon oder Terrasse – das erleichtert die Gefäß- und Pflanzen-beschaffung.

Überwinterung
Überwinterte Kübelpflanzen wie Ros-marin und Zitronenstrauch beginnen zu treiben. Möglichen Schädlingsbe-fall kontrollieren und wenn nötig be-kämpfen. Mäßig gießen.

Aussaat
Erste Aussaaten für die eigene Jung-pflanzenanzucht auf der Fensterbank oder im Mini-Gewächshaus sowie Schalenaussaaten im Wintergarten oder Glashaus.

Ernteverfrühung
Isolierende Mulchmaterialien vom Boden entfernen. Beginn der Schutz-bedeckung mit Folien und Vliesen bei milder Witterung und offenem Boden zur Ernteverfrühung.

Frühbeet
Wenn Frühbeetfenster vorhanden sind, einen mobilen Unterbau für Wanderkasten bauen.

Kräuterbeete
Grundaufbau für Kräuterhoch- und hügelbeete kann bereits erfolgen.

Kräuterspirale
Vorbereitungen für die Anlage einer Kräuterspirale treffen, Rohaufbau er-stellen und Folienteich ausheben.

März

Gartenwege
Wege im Garten mit Rindenmulch oder Holzhäcksel belegen.

Beetvorbereitung
Schutzbedeckungen wie Reisig, Stroh und Wintermulchschichten wegräumen, damit sich der Boden leichter erwärmen kann. Zur letzten Bodenvorbereitung noch Kompost einarbeiten und Gesteinsmehl streuen. Rückschnitt verholzter Kräuter und entfernen abgestorbener Staudenteile. Kräuterhoch- und -hügelbeete fertig anlegen sowie die Kräuterspirale pflanzfertig richten.

Aussaat
Weitere Kräuteraussaaten für geschützte Vorkulturen, z. B. Basilikum, Dill, Paprika, Schnitt-Sellerie. Erste Freiland-Direktaussaaten von Borretsch, Breitblättriger Gartenkresse, Kerbel, Petersilie und Rauke.

Pflanzung
Ausbringen der ersten Sätze von Knoblauchzehen und Steckzwiebeln ins Freiland. Die Pflanzung der mehrjährigen Kräuter wie Beifuß, Beinwell, Dost, Liebstöckel, Melisse und Pimpinelle kann beginnen.

April

Kübelpflanzen
Gefäße für Kübelgärten vorbereiten, bepflanzen bzw. umtopfen und mit neuer Erde versehen. Organischen Dünger zur langsam fließenden Ernährung beifügen.

Aussaat
Auf Wechselflächen können ein- und zweijährige Arten gesät werden. Weniger empfindliche Kräuterarten wie Fenchel, Koriander, Lein, Schnittlauch oder Senf können direkt ins Freiland gesät werden. Eventuell mit gelochten Flachfolien oder Vliesen bedecken, um einen sicheren Aufgang zu gewährleisten.

Tausendgüldenkraut

13

Pflanzung

Richtige Zeit für die Bepflanzung von neu angelegten Kräutergärten und -spiralen.

Vermehrung

Jetzt Minze-Arten durch Teilung oder Stolonen vermehren. Die mehrjährigen Kräuter wie Lavendel, Melisse, Rosmarin, Salbei oder Wermut durch Stecklinge vermehren – in großen Einmachgläsern oder im Mini-Gewächshaus. Vermehrung des (Deutschen) Estragons mit dessen Ausläufern oder durch vorsichtiges Teilen und des Meerrettichs mit Fechsern (dünnere Nebenwurzeln) auf gut vorbereiteten Beeten.

Pflanzenschutz

Bei Saatkulturen, vor allem unter Folien und Vliesen, auf frühen Befall durch Nacktschnecken achten und gegebenenfalls mit biotechnischen Maßnahmen bekämpfen.

Gründüngung

Richtige Zeit für Gründüngungssaaten auf strapazierten Flächen, z. B. durch Neubauten oder nach einem Wiesenumbruch, zur Vorbereitung von künftigen Kräuterneuanlagen.

Ernte

Blüten von Schlüsselblumen ernten und für Tee trocknen.

Mai

Mulchen

Nach ausreichender Bodenerwärmung den Boden des Kräutergartens mit dem Sauzahn aufrauen, im Anschluss Sommermulch mit organischen Materialien in einer Schichtdicke von 2–4 cm ausbringen. Ausgepflanzte Paprika und Peperoni Ende Mai mulchen.

Aussaat

Aussaat empfindlicher Kräuterarten wie Basilikum, Bohnenkraut, Kapuzinerkresse und Majoran an geschützten Stellen im Freiland. Folgesätze von Kresse, Senf und Rauke aussäen, damit Frischkräuterernte kontinuierlich möglich ist.

Vermehrung

Vermehrung verschiedener mehrjähriger Kräuter durch Absenker, z. B. Berg-Bohnenkraut, Heiligenkraut, Thymian.

Balkon

Aussaaten, Pflanzungen und Gestaltungen können beginnen.

Mischkultur

Kräuterarten in Mischkulturen des Nutz- und Ziergartens integrieren.

Ernte

Ausdauernde Kräuter liefern inzwischen reichlich Grün für die Frischernte.

Juni

Pflege
Blütenstände bei Pimpinelle und Sauerampfer ausbrechen, um die Blatternte zu steigern. Meerrettich aufgraben und die Seitenwurzeln abrei- ben, damit kräftige Stangen gebildet werden können.

Brühen und Jauchen
Herstellung von Kräuterbrühen und -jauchen zur Ernährung und zur Pflanzenstärkung.

Kompost
Kräuterreste beim Aufbereiten der Ernte dienen kurz geschnitten zu guter Kompostbereitung.

Düngung
In mobilen Kräutergärten Kopfdüngung beachten und Kräuterjauchen sowie Komposttee dazu verwenden.

Ein Korb voller Gesundheit

Pflanzenschutz
Alle Möglichkeiten der biologischen Bekämpfung ausnutzen, um Nützlinge wie Marienkäfer zu schonen und unbedenkliche Heil- und Würzkräuter zu erhalten. Man kann beispielsweise Schneckenfallen oder -zäune aufstellen und Kulturnetze einsetzen, um die Pflanzen vor Schädlingen wie Lauchmotten oder Zwiebelfliegen zu schützen und den Blattlausbefall zu vermindern.

Ernte
Im Juni beginnt die Kräuterernte für die Teegewinnung, z. B. Bärwurz, Weinraute, Zitronenmelisse. Vom Holunder sind die Blüten zu pflücken und sorgfältig im Schatten zu trocknen.

Juli

Pflege
Kräuterrasen mit Rasenmäher (hochgestellte Messer) schneiden und möglichst nicht zum Blühen kommen lassen. Während extremer Trockenzeiten im Kräutergarten wässern, damit Wachstum und Ertrag nicht beeinträchtigt werden.

Mulchen
Wiederholtes Mulchen (Sommermulch) verringert die Gießarbeit und fördert die natürliche Bodenfruchtbarkeit.

Düngung
Schwachwuchs und gelbliche Blätter weisen auf Stickstoffmangel hin: mit Kräuterjauchen oder Komposttee zusätzlich düngen.

Pflanzenschutz
Kräftiger Rückschnitt ist nötig bei Mehltau- und Rostbefall, z. B. an Melisse und Minze.

Ernte
Regelmäßiges Abpflücken der Blüten von Königskerze und Malve zum Trocknen für Tee. Samen von Anis,

Frisch geernteter Liebstöckel

Dill, Koriander und Kümmel taufrisch am Morgen ernten, in der Sonne nachtrocknen lassen und ausklopfen. Anschließend in Büscheln zum Trocknen aufhängen und dann mit luftdurchlässigen Säcken umbinden, damit ausfallende Samen nicht verloren gehen.

Aufbewahrung
Sind Blattkräuter im Übermaß zu ernten, kann Aufbereitung und Konservierung auch durch Einfrieren sowie Einlegen in Essig, Öl oder Salz erfolgen.

Salbei liebt sonnige Standorte

August

Aussaat
Aussaat der zweijährigen Kräuterarten wie Barbarakraut, Kümmel, Löffelkraut und Petersilie in Reihen im Küchenkräutergarten, aber auch von Echter Engelwurz und Königskerze. Für Frischkräuterernten von Herbst bis Winterbeginn nochmals Dill, Garten-Bohnenkraut, Kerbel, Kresse und Rauke aussäen.

Gründüngung
Auf Flächen für Kräuterneuanlagen des nächsten Jahres jetzt noch Gründüngungskulturen mit Ölrettich, Phazelia oder Senf aussäen.

Ernte
Haupterntezeit der Duftkräuter zur Konservierung der Pflanzenaromen für den Winter. Vor allem mit Blütenduftern kann man Potpourris herstellen und zusammen mit Kontaktduftern Duftkissen, Duftöle, Duftwasser und vieles mehr. Mit frischen Duftsträußen läßt sich das Wohnumfeld und Raumklima angenehmer gestalten.

Aufbewahrung
Bei anhaltender feuchter Witterung während der Kräuteraufbereitung muß die natürliche Trocknung eventuell durch eine zusätzliche Nachbehandlung in speziellen Trocknungsapparaten oder in der Backröhre erfolgen. Dabei darf die Trocknungstemperatur 45°C nicht übersteigen, um Wirkstoffverlusten vorzubeugen.

September

Pflanzung
Für die Überwinterungskultur von Knoblauch werden die Zehen in Reihen mit Abständen von etwas 20 cm ins Freiland gelegt.

Winterkultur
Schnittlauch, bereits teilweise eingezogen, wird ballenweise ausgegraben und oben auf den Beeten liegen gelassen, er soll antrocknen und ganz in den Ruhezustand kommen. Später kann man je nach Größe die Ballen teilen, eintopfen, die Töpfe in den Boden einsenken und ab November nach Bedarf zum Treiben aufstellen. Im Juli ausgesäte Pflanzen von Blatt-petersilie jetzt eintopfen für die Winterkultur. Ähnlich kann man auch mit Winter-Dill und Kerbel für Zimmerkulturen verfahren.

Kälteschutz
Anhaltende kühle Witterung im September beeinträchtigt empfindlichere Kulturen wie Basilikum, Dill oder Majoran in ihrer Entwicklung. Deshalb können wir im Küchengarten die Beete bereits jetzt schon übertunneln oder mit Vliesen bedecken.

Ernte
Von Kapuzinerkresse Knospen und unreife, grüne Samen pflücken und als Kapern-Ersatz sauer einlegen.

Oktober

Pflanzung
Bei Neuanlagen dürfen die mehrjährigen Kräuterarten bereits an Ort und Stelle gepflanzt werden. Teilweise werden sie noch anwurzeln, sollten jedoch im ersten Winter Deckschutz erhalten.

Vermehrung
Ältere Wurzelstöcke ausdauernder Kräuterarten wie Beinwell, Eibisch und Liebstöckel lassen sich jetzt teilen und umpflanzen.

Winterkultur
Im Kräutergarten ausgepflanzte Kübelpflanzen wie Lorbeer, Rosmarin oder Zitronenstrauch müssen wieder eingetopft werden. Sie sollten vor Ort noch einige Zeit stehengelassen werden, bis sie vor dem ersten Reif in die Winterquartiere kommen.

Ernte
Noch vor den ersten Frösten alle kälteempfindlichen Kräuter des ungeschützten Freilandanbaues, z. B. Basilikum, Bohnenkraut, Dill und Majoran, ernten und durch Trocknung, Einfrieren, Einlegen in Essig oder Öl haltbar machen. Paprika-Kultur mit Frühbeetfenstern überbauen, um noch einige Wochen länger ernten zu können.

18

November

Winterkultur

Einzelne Rüben von Wurzel-Petersilie eintopfen und für Zimmerkulturen zum Treiben aufstellen. Für Schnittlauch-Treiberei die ersten Töpfe aus dem Einschlag nehmen und, falls sie nicht durchgefroren waren, in einem Wasserbad von 35–45 °C vorbehandeln, um den Austrieb zu stimulieren.

Winterschutz

Kräutergarten für den Winter vorbereiten – Böden mit bis zu 10 cm starker Mulchschicht aus organischen Materialien bedecken und Pflanzen vor den ersten Frösten, vor allem in windreichen und rauheren Lagen, mit Reisig schützen.

Pflege

Kräuter maßvoll zurückschneiden, um ein ordentliches Aussehen zu erreichen. Bei schweren Böden sollten die freien Beete der einjährigen Kräuterkulturen umgegraben werden, damit durch Frostgare Krümelung erreicht wird.

Kübelpflanzen

Kübelpflanzen, inzwischen zurückgeschnitten, müssen jetzt in die Winterräume.

Ernte

Wurzelkräuter ernten, aufbereiten und trocknen.

Lagerung

Kellereinschlag in Sand für Pastinaken und Wurzel-Petersilie.

Dezember

Winterkultur

Knoblauchzehen in Töpfen mit Erde stecken für Schnitt-Kultur auf der Fensterbank. Mit Keimsprossen-Kulturen beginnen und regelmäßige Folgesaaten durchführen.

Winterschutz

Alle Wassergefäße, auch die Behälter für Kräuterbrühen sowie Sommer-Wasserleitungen, entleeren.

Gewächshaus

Im Kleingewächshaus aufgespritzte Sommerschattierungen ganz entfernen und das Glas abwaschen, damit das Winterlicht für die Kulturen bestmöglich verfügbar ist.

Ernte

Aus geschützter Kultur können noch Dillkraut, Rauke und Winter-Portulak geerntet werden. Löffelkraut kann den ganzen Winter über noch geerntet werden.

Kräutergärten
schöner gestalten

Immer mehr Familien wollen einen eigenen Kräutergarten besitzen. Verständlich, denn wer möchte nicht gerne in unmittelbarer Nähe jeden Tag so viele Kräuter unbedenklich auswählen und ernten können, daß er in deren Düften schwelgen, Speisen raffiniert würzen und nach Belieben Tee und Teegetränke ganzjährig bereiten oder auch Tinkturen und Spezereien selbst herstellen kann.

Kein Kräutergarten kann dem anderen exakt gleichen. Zuschnitt des Grundstückes, Standortbesonderheiten, Landschafts-, Dorf- bzw. Hofbild und

natürlich die Bedürfnisse des Gartenbesitzers bestimmen Gestaltung und Entwicklung. Wenn sich auch der Kräutergarten selbstverständlich dem Gesamtcharakter des Gartens unterordnen muß, so bleibt doch noch für Phantasie und Gestaltungsdrang ein breiter Spielraum.

Grundregeln

Um längerfristig spürbare Nachteile zu vermeiden, sollten folgende allgemeine Grundregeln bei der Anlage von Kräutergärten beachtet werden:

Sonnige Standorte wählen
Die bekannten Kräuterarten sind vor-

Statt Kräuterecken kann man attraktive Kräutergärtchen im Garten gestalten.

wiegend „Kinder der Sonne" und häufig aus südlichen Ländern zu uns gekommen. Sie erreichen das volle Aroma, die bestmögliche Würzkraft und Heilkräutereigenschaften bei zufriedenem Wuchs und Pflanzengesundheit nur mit reichlicher Besonnung.

Möglichst in Hausnähe anlegen

Kräuter werden in Küche und Haus oft rasch gebraucht. Deshalb legen wir unsere Kräutergärten in Hausnähe an, um sie trockenen Fußes schnell zu erreichen. Wege oder Trittplatten sollten so befestigt sein, daß bei jedem Wetter die Kräuterernte möglich ist.

Wasseranschluß ist zweckmäßig

Die Kräuterarten sind zwar genügsam in ihren Ansprüchen; allerdings leidet die Pflanzenentwicklung bei längeren Trockenperioden, besonders auf Standorten mit leicht durchlässigem Boden. Ideal ist eine zusätzliche Regenwasserversorgung. Regentonnen können auch zum Ansetzen von Kräuterbrühen genutzt werden. Auf alle Fälle sollten wir den Insekten und Vögeln eine Wassertränke anbieten, damit sie den Kräutergarten möglichst oft besuchen.

Mit einem Regenwasserfaß lassen sich extreme Trockenzeiten im Kräutergarten überbrücken.

In jeden Kräutergarten gehört eine Sitzbank.

Platz für eine Gartenbank
berücksichtigen
Ohne Gartenbank fehlt unserem Kräutergarten ein wichtiges Element.
Bei der Ernte werden wir nur selten Zeit
zum Sitzen und Vorputzen des Ernte-
gutes haben. Vielmehr soll die Bank
einladen, öfters im Kräutergarten zu
verweilen, um sich an den vielfältigen

Düften und bescheidenen Schönheiten
der Kräuter, den fleißigen Bienen,
Schmetterlingen, den Vögeln an der
Wassertränke und anderen kleinen Gä-
sten zu erfreuen.

Wichtig: richtige Materialverwendung
Unsere Kräutergärten dürfen nicht
kitschig wirken. Deshalb wählen wir für
Wegebau, Umzäunung und Ausstat-
tung landschaftstypische bodenstän-
dige Materialien, wie z. B. Steine –
auch Feldsteine –, Holz, Ton, Keramik

oder Schmiedeeisen, und berücksichtigen die örtliche Handwerkskunst. Auch eigene Kunstfertigkeiten sind gefragt. Schließlich können auf diesem Wege durch Anerkennung Kreativitäten für Klein- bzw. Volkskunst gefördert werden. Jeglicher unzweckmäßiger Zierat, z. B. Rondelle mit gebrauchten Schlepperreifen, Einfassungen mit leeren Weinflaschen oder unbrauchbar gewordene Hofgerätschaften, entspricht nicht den Grundzügen echter Kräutergärten von Schlichtheit, Zweckmäßigkeit und harmonischer Gestaltung; es wirkt eher wie ein durch Pflanzen verzierter Schrottplatz. Man kann derartige Materialien höchstens dort verwenden, wo sie bald von Pflanzen überwuchert werden.

Selbstverständlich soll jeder nach eigenen Vorstellungen seinen Kräutergarten anlegen und systematisch weiterentwickeln, damit er sich dort stets gerne aufhält und die Betätigung immer wieder aufs neue große Freude bereitet. Heil- und Würzkräutergärten können tatsächlich für beinahe jeden Haushalt verwirklicht werden. Nachfolgend seien einige Gestaltungsbeispiele genannt.

Kräuterbeet für vier Personen

Zur Versorgung einer vierköpfigen Familie mit Würzkräutern reicht das große Kräuterbeet mit Abmessungen von etwa 3 x 4 m mit folgenden Würzkräutern:

a) Stückangaben:

Apfelminze	5
Beifuß	2
Bohnenkraut, Berg-	4
Eberraute	2
Engelwurz	1
Estragon, Deutscher	3
Lavendel	2
Liebstöckel	1
Meerrettich	6
Origano	3
Pimpinelle	3
Pfefferminze	10
Rosmarin	4
Salbei	3
Schnittlauch	10
Thymian	3
Weinraute	2
Wermut	1
Winterheckzwiebeln	4
Ysop	3
Zitronenmelisse	2
Zitronenthymian	5

b) Flächenangabe in m^2 bei Saatkräutern:

Basilikum	0,50
Bohnenkraut, Sommer-	0,25
Borretsch	0,25
Dill	0,50
Fenchel	0,25
Gartenkresse	0,25
Kapuzinerkresse	0,25
Kerbel	0,25
Knoblauch	0,50
Koriander	0,25
Majoran	0,25
Petersilie	0,50
Portulak	0,10
Sauerampfer, Großer	0,25
Senf, Weißer	0,25

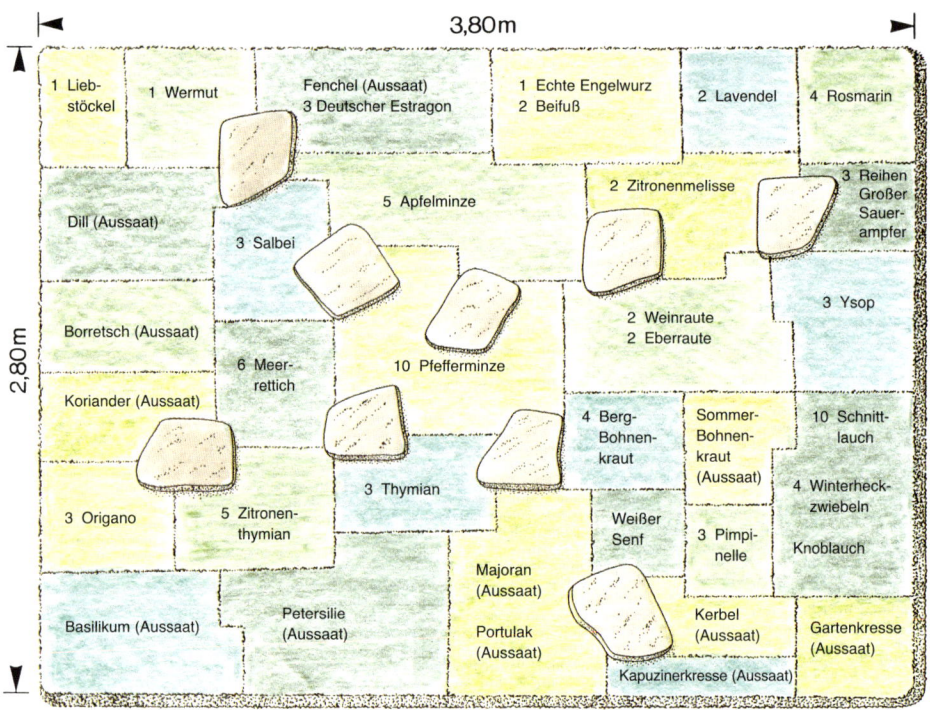

3,80 m

2,80 m

1 Liebstöckel | 1 Wermut | Fenchel (Aussaat) 3 Deutscher Estragon | 1 Echte Engelwurz 2 Beifuß | 2 Lavendel | 4 Rosmarin

Dill (Aussaat)

3 Salbei

5 Apfelminze

2 Zitronenmelisse

3 Reihen Großer Sauerampfer

Borretsch (Aussaat)

6 Meerrettich

10 Pfefferminze

2 Weinraute 2 Eberraute

3 Ysop

Koriander (Aussaat)

4 Berg-Bohnenkraut

Sommer-Bohnenkraut (Aussaat)

10 Schnittlauch

3 Thymian

4 Winterheckzwiebeln

3 Origano

5 Zitronenthymian

Weißer Senf

3 Pimpinelle

Knoblauch

Majoran (Aussaat)

Basilikum (Aussaat)

Petersilie (Aussaat)

Portulak (Aussaat)

Kerbel (Aussaat)

Gartenkresse (Aussaat)

Kapuzinerkresse (Aussaat)

N

Großes Kräuterbeet für eine Familie (Gestaltung Dr. Seitz)

Bei der Neuanlage des Kräuterbeetes sind die Pflanzenhöhen und das Platzbedürfnis zu berücksichtigen. Grenzt das Kräuterbeet an eine Mauer oder an einen Zaun, so stehen die mehrjährigen, hochwachsenden Pflanzenarten hinten, bei einem freiliegenden Beet dagegen in der Mitte. Die niedrigeren und einjährigen Kräuter sollten vorne angepflanzt werden. Zur leichteren Pflege und Ernte können wir Trittplatten auslegen.

Ornamental verspielte Kräutergärten

Diese Kräutergärten finden wir bevorzugt in westlichen Nachbarländern, ebenso die bekannten Grau- und Silber-Kräutergärten. Die ornamentale Gestaltungskunst nimmt Pflanzen, Blüten und Tiere als Vorbilder und versucht, in strenger, klarer Weise zu vereinfachen und zu deuten. Ornamente bestehen aus geometrischen Figuren wie Quadrat, gleichseitigem Dreieck, Kreis und anderen Formen.
Durch die verschlungenen Linien der Ornamente ergeben sich verschieden-

Ornamental verspielter Kräutergarten

gestaltige Beetflächen für die Grup-
penbepflanzung mit bekannten Kräutern und zum Bestreuen mit buntem
Kies. Die Ornamentlinien werden im
allgemeinen als niedrige Kräuterhek-
ken geführt, z. B. mit Edelgamander,
Ysop, Heiligenkraut oder Buchs. Selbst
Ornamentkräutergärten im elisabe-
thanischen Stil lassen sich verwirkli-
chen. Entscheidend für die Schönheit
aller ornamentaler Anlagen ist, daß
Form und Dekor mit dem eigentlichen
Zweck in Einklang bleiben.

Abbildungen
und Beschrei-
bungen von
Kräutergärten
können die
Phantasie anregen und Ideen für den
eigenen Garten liefern.

27

Historischer Kräutergarten

Kloster-Kräutergarten als Kreuzformanlage

Nach dem Vorbild berühmter mittelalterlicher Klostergärten eignen sich für diese Gestaltung rechteckige Grundstücke. Ein Längs- und ein Querweg bilden die Kreuzform, in dessen Mittelpunkt bevorzugt ein Brunnen oder Wasserschöpfbecken, aber auch hochwachsende, prägnante Kräuterarten angeordnet werden können. Seitlich, z. B. entlang von Mauern, sind halbbreite Beete mit bunter Vielfalt bepflanzt. Im historischen Kräutergarten sollen selbstverständlich die damals wichtigen Kräuterarten vertreten sein, z. B. Fenchel, Knoblauch, Koriander,

Oben: Kreuzformanlage eines Kräutergartens (Gestaltung Dr. Seitz)
1 Sitzbank, 2 Kräuterrasen, 3 mehrjährige Kräuterarten, 4 Ein- und Zweijährige sowie Zwiebelartige, 5 mehrjährige und rankende Arten, 6 Rondell mit Wasserbecken, 7 Habichtskugeln, 8 Kräuterhecken, 9 Rankbogen

Streng symmetrischer Kräutergarten

28

Kresse, Lavendel, Minze, Petersilie, Rosmarin, Salbei, Großer Sauerampfer, Thymian und Ysop.

Die Wege des Kloster-Kräutergärtchens können mit niedrig wachsendem, geschnittenem Buchs oder Feldsteinen eingefaßt werden. Die Betreuung und Pflege dieser Gartenvariante erfolgt derart, daß immer die Kreuzform sichtbar erhalten bleibt.

Zu einem Garten der Düfte wird unser Kräuter-Refugium, wenn wir – wie im alten Klostergarten – die Anlage durch eine Mauer schützen, damit nicht bei jedem Windstoß die Pflanzenwohlgerüche davongetragen werden. Windschutz ist auch durch Pergolen oder andere Holzkonstruktionen mit Laubencharakter erreichbar.

Eine besondere Art, die Düfte des Kräutergärtchens zu erhalten und zu verstärken, ist die Anlage in einer Senke. Eine Vertiefung bedeutet ebenfalls Windschutz, und jede Verwendung von Steinplatten, Feldsteinen oder Schotter verstärkt die Speicherung der Sonnenwärme, die bis in die Nachtstunden dosiert wieder abgegeben wird. Unter solchen Wärmeglocken können die ätherischen Öle der Kräuter ihr volles Bukett entfalten.

Man darf annehmen, daß die Klostergärten den ummauerten Gärten Ägyptens, Algeriens und Spaniens nachempfunden waren.

Über Jahrhunderte hinweg war die Kreuzformanlage das bestimmende Gartensystem im christlichen Abendland und wurde zur Brücke für die Bürger- und Bauerngärten.

Kräuterspirale

Mit der Kräuterspirale kann den Standortansprüchen der verschiedenen Kräuterarten weitgehend entsprochen werden. Vom Feuchtbiotop bis zum extremen Trockenstandort besteht hierzu auf kleiner Fläche die Möglichkeit. Insgesamt brauchen wir für die Kräuterspirale einen sonnigen Standort – kreisrund, mit etwa 3 m Durchmesser. In der Mitte dieser abgesteckten Fläche wird ein 0,50–0,70 m hoher Steinhügel errichtet, der zur Wärmespeicherung und Dränung dient. Aufgefüllt mit vorhandener Gartenerde oder magerem

Neuanlage einer Kräuterspirale

29

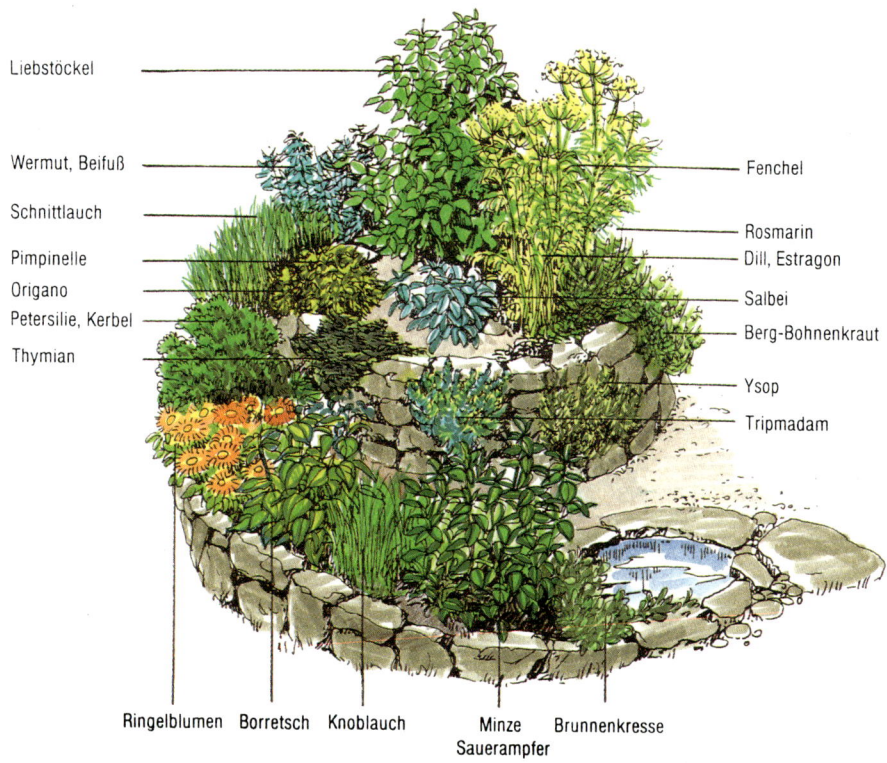

Liebstöckel

Wermut, Beifuß

Schnittlauch

Pimpinelle

Origano

Petersilie, Kerbel

Thymian

Fenchel

Rosmarin

Dill, Estragon

Salbei

Berg-Bohnenkraut

Ysop

Tripmadam

Ringelblumen Borretsch Knoblauch

Minze
Sauerampfer

Brunnenkresse

Kräuterspirale

Mischboden wird anschließend mit Feld- oder anderen Natursteinen eine Spirale gebaut, die im südlichen Teil mit einer Sumpfzone und einem kleinen Teich endet. Anstelle des Teiches mit einer Größe von mindestens 0,75 m im Durchmesser, ausgelegt mit einer Teichfolie, können wir geschickt ein offenes Faß oder einen gebrauchten Kessel so eingraben, daß nur die Wasserfläche sichtbar bleibt. Mittlerer und unterer Teil der Kräuterspirale können durch Zugabe von Kompost nährstoffhaltiger werden. Geschickt angelegt, wird nicht versickertes Niederschlagswasser in die Sumpfzone bzw. in das Wasserbecken geleitet. Die Wasserfläche wirkt zugleich auf das Kleinklima, z. B. bei starker Besonnung durch Verdunstung oder bei Nachtfrösten temperaturmildernd. Im Teich und in der Sumpfzone wachsen feuchtigkeitsliebende Pflanzen. Dieser Bereich ist auch ein besonderer Anziehungspunkt für vielerlei Kleingetier. Auch zwischen den Steinen, bevorzugt in der besonnten Trockenmauer, finden sich sehr bald Tiere ein, vor allem wärmeliebende Insektenarten.

Beim Pflanzen achten wir darauf, daß höherwachsende Arten zur Mitte hin angeordnet werden, auf der Nordseite halbschattenverträgliche Kräuter, z. B. Kerbel, Kümmel, Liebstöckel und evtl. auch Petersilie, und im feuchten Bereich Brunnenkresse, Minzearten und Großer Sauerampfer. In den Mauerritzen wachsen bevorzugt Berg-Bohnenkraut und Tripmadam.

Bei sorgfältig überlegter Anlage und liebevoller Pflege kann die Kräuterspirale langfristig auf vielfältige Weise Kräuter liefern und zu einem besonderen ökologischen Anziehungspunkt im Garten werden.

Kräuterhügelkulturen

Beim Hügelanbau werden Kulturintensität und Verwertung verrottbarer organischer Reste aus Haus und Garten

Kräutergärten mit Bankbeeten eignen sich besonders für behinderte und blinde Menschen.

31

Ein Hügelbeet ist aus fünf Schichten aufgebaut: Das Innere besteht aus Schnittholz oder Reisig, dann folgt je eine Schicht aus umgedrehten Rasensoden, groben Pflanzenabfällen und halbreifem Kompost. Den Abschluß bildet Gartenerde, verbessert mit Reifkompost.

Unten: Ein Rundhügelbeet mit Kräutern stört auch im Wohngarten nicht.

miteinander verbunden. Dazu eignen sich gleichermaßen dankbar Hügel- und Bankbeete. Der Schichtenaufbau ist bei allen genannten Systemen ähnlich wie beim Hügelbeet; nur bei den Bankbeeten bestehen die Seiten bis 0,75 m Höhe aus Balken, neuen Bahnschwellen, Rundhölzern, Steinen oder Mauerwerk. Dadurch sind sie aufwendiger als Hügel- und Hochbeete.

Alle Formen der Kräuterhügel haben sich für Mischkulturen als vorteilhaft erwiesen. Eine Sonderform der Hügelkultur ist das Rundhügelbeet mit einem Durchmesser von mindestens 2,50 m und ähnlichem Schichtenaufbau wie die Längshügelbeete. Ein Vorteil des Kräuterrundhügels ist, daß er, ohne störend zu wirken, auch im Wohngarten plaziert werden kann.

Der eigentliche Kräuteranbau auf Hügelbeeten sollte erst nach einer stabilisierenden Vorkultur, z. B. mit Senf, Spinat oder Phazelia beginnen. Der Boden kann sich zwischenzeitlich absetzen. Er wird durchwurzelt, belebt und die Nährstoffe werden ausgeglichener angeboten.

Kräuter in Kübeln und Balkonkästen

Nicht immer ist das passende Gartenland in Hausnähe für die Kräuterplantage vorhanden. Trotzdem muß man deshalb auf eigene Kräuterkulturen nicht verzichten. Auch in aller Bescheidenheit – vielleicht in einem Innenhof, bei einem Sitzplatz oder auf anderen gepflasterten oder versiegelten Flächen – können wir attraktive Kübelgärten gestalten.

Mobile, wandelbare Kräutergärten

Vor allem in Gartenhöfen, im Schutze von Mauern und Hauswänden, gibt es ideale Standorte mit besonderen Vorteilen für den beweglichen Kräutergarten, weil sich hier zudem an starken Haken Kästen und andere dekorative Pflanzgefäße, auch Ampeln, aufhängen lassen.

Kästen- und Troggärten wirken bei stufenförmiger Anordnung eindrucksvoll. Auf ebenen Flächen sind die niederen Gefäße im Vordergrund und die größeren Behälter geschickt dahinter zu gruppieren; Kräuterampeln werden harmonisch dazu ergänzt.

Grundsätzlich eignen sich alle Materialien für Gefäße unserer mobilen Kräutergärten, wenn sie in Formen und Farben zum Umfeld passen. Sie dürfen auch in Größe und Fassungsvermögen variieren. Oft überzeugt die Schlichtheit der Gefäße. Es werden gerne natürliche Werkstoffe bevorzugt, wie z. B. Stein, Holz, Ton und Keramik. Wichtig ist, daß der mobile Garten nicht zum Sammelsurium von Materialien und Behältern, von Marmeladeneimern über ausgediente Schubkarren bis zur „Florentinischen Schale", wird. Finden die modernen Werkstoffe, Beton und Kunststoff, Anwendung, weil sie zum Bauteil passen, sollten wir auf möglichst einfach, geometrische Formen achten, um insgesamt mit dominierender Bepflanzung zu überzeugen.

Kübelgärten bieten somit ein weites Feld für Ideenreichtum und Gestaltungsmöglichkeiten. Moderne nüchterne Behälterformen sind genauso gefragt wie Nostalgie in antiken Gefäßen. Ergänzend sei erwähnt, daß zu den mobilen Kräutergärten auch mit Kräutern bepflanzte Mooswände und Kräutertürme gehören sowie die einfachste Form in Erdsäcken. Zwischenzeitlich hat sich herausgestellt, daß sich bei der Sackkultur am besten Fertigerden mit Düngerzusatz bewähren, wenn unterseits in den Säcken einige Löcher den Abzug des überschüssigen Wassers gewährleisten.

Bevorzugte Kräuter für die Topfkultur	
– Basilikum	– Bohnenkraut
– Dill	– Estragon
– Fenchel	– Kresse
– Lavendel	– Liebstöckel
– Minzearten	– Oregano
– Rosmarin	– Salbei
– Thymian	– Zitronenmelisse

Kräuter in verschiedenen Töpfen und Kübeln – ein attraktiver Anblick

Kräuterterrasse
1 Kapuzinerkresse am Rankgerüst, 2 Dill, 3 Schnittlauch oder Schnitt-Knoblauch, 4 Gartenkresse, 5 Lavendel oder Portulak, 6 Liebstöckel, 7 Borretsch, 8 Estragon und Kerbel, 9 Beifuß, 10 Petersilie und Majoran, 11 Fenchel, 12 Basilikum, 13 Zitronenmelisse, 14 Origano, 15 Lorbeerbäumchen, 16 Minzearten, 17 Ampel mit Berg-Bohnenkraut, 18 Ampel mit hängendem Rosmarin, 19 Hopfen

Pflege der Kübelkulturen

Es eignen sich nahezu alle ein- und mehrjährigen Kräuterarten für die Kulturen in Schalen, alten Trögen, Töpfen und Ampeln. Nur ist stets zu bedenken, daß die Pflanzen in den Gefäßen wenig Raum und begrenzte Wasser- sowie Nährstoffversorgung haben. Andererseits garantieren durchlässige Erde

Auch Kräuter in Gefäßen müssen sorgfältig gepflegt werden.

und Tonscherben oder eine Sandschicht auf den Abzugslöchern dafür, daß keine Vernässung eintritt. Nach dem Einwachsen benötigen die Kräuter regelmäßig alle drei bis vier Wochen eine zusätzliche flüssige Düngung mit handelsüblichen organischen oder mineralischen Düngemitteln bzw. mit Kräuter- oder Kompostauszügen.

Mehrjährige Pflanzen in Kübeln und Schalen müssen von Zeit zu Zeit umgetopft werden.

Kräuterplantage auf dem Balkon

Viele Familien mit Wohnungen in Ballungsgebieten haben keinen Garten, möchten aber auf selbst angezogene Kräuter nicht verzichten. Hier bietet sich „Kräuterei" auf dem Balkon an. Auf solch bescheidener Fläche wertvolle Kräuter zu kultivieren und zu ernten, erfordert allerdings Geschick und Wissen zugleich.

Um späterem unnötigen Ärger vorzubeugen, sollten einige grundsätzliche Hinweise vor Beginn der Balkongärtnerei beachtet werden:

• Wenn die Hausordnung solche Kulturen erlaubt, sollten Sie vor dem Kauf der Gefäße die Tragkraft des Balkons abschätzen, insbesondere, wenn größere Behälter oder Kübel aufzustellen sind.

• Auf der Außenseite der Balkone zur Straße hin dürfen grundsätzlich aus Sicherheitsgründen keine Töpfe oder Blumenkästen aufgehängt werden.

• Wenn der Balkon keine Regenrinne hat, damit überschüssiges Gießwasser abfließen kann, bietet sich mit Untersätzen oder Blechunterbauten die Entsorgung an.

• Die meisten Vorteile für unsere klei-

ne Kräuterplantage bieten Balkone mit guter Besonnung. Auf Südbalkonen sind die Pflanzen im Sommer für Sonnenschutz dankbar, z. B. durch Marki-

Links: Richtige Pflanzung im Kübel
Unten im Topf müssen sich Abzugslöcher befinden, über die einige Tonscherben gelegt werden. Darüber gibt man eine Schicht Kies mit einer Sandauflage oder Vlies, damit die darauf folgende Erdschicht nicht ausgewaschen werden kann. Die Erde wird nicht bis zum Topfrand aufgefüllt, sondern man beläßt einen Gießrand von etwa 2 cm.

Viele Kräuter gedeihen problemlos in Balkonkästen.

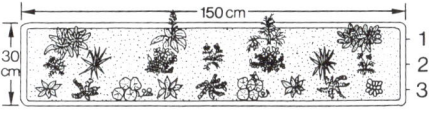

Richtige Bepflanzung eines Balkonka-
stens (oben Ansicht, unten Aufsicht)
1 Hochwachsende Arten, z. B. Fenchel,
Rosmarin, Garten-Ringelblume und Wermut, werden hinten in den Balkonkasten
gepflanzt.
2 Mittelhohe Kräuter, z. B. Echte Kamille, Tüpfel-Johanniskraut, Ysop und
Knoblauch, wachsen in der Mitte.
3 Niedrige bzw. hängende Arten, z. B.
Kapuzinerkresse, Thymian, Minzearten
und Tripmadam, stehen vorn.

sen oder Pergolen; im Frühjahr, Herbst
und Winter bieten sie den angenehm-
sten Aufenthalt für unsere Kräuter.
Selbstverständlich können wir auch
auf ost- und westseitigen Balkonen mit
Erfolg „kräutern".

• Auf Balkonen an der Hauptwind-
seite – besonders wenn sie höher liegen – zeigen die Pflanzen nicht selten
Windschäden, auch durch Luftwirbel.
Abhilfe bieten – ohne daß das äußere
Ansehen leidet – festgedübelte Rank-
gerüste, auch größere strauch- bzw.
zwergbaumartige Kübelpflanzen.
• So wie der Innenarchitekt die Aus-
stattung für die Wohnung auf einer
Zeichnung einplant, können Sie dies
auch für Ihren Kräuterbalkon skizzie-
ren. Das ist eine große Beratungshilfe
zum Einkauf von Gefäßen und Pflanzen in der Gärtnerei, im Baumarkt oder
Gartencenter. Wer möchte nicht sein
kleines Kräuterreich individuell und
geschmackvoll gestalten?
• Grundsätzliches gilt für Material,
Form, Farbe und Größe sowie die Gefäße der mobilen Gärten. Weil Balkone meist sehr platzarm sind, haben
runde platzaufwendige Gefäße Nachteile gegenüber Rechteck- oder Qua-
dratformen, die sich auf modernen wie
auf alten Balkonen leichter einfügen
lassen. Sowohl auf dem Balkon als
auch auf der Terrasse sind kräuter-
bepflanzte Weidenkörbe, dekorative
Hängetöpfe an schmiedeeisernen Ket-
ten, Schalen und Mooswände anspre-
chend. Wenn Sie ausgediente Haus-
haltsgefäße und Gerätschaften als
Pflanzbehälter umfunktionieren, können Sie manchmal Ihrem grünen Refu-
gium eine persönliche Note geben. Jedoch sind Vorsicht und Zurückhaltung
geboten, damit nicht das Gegenteil,
nämlich Schrott- und Gerümpelein-
druck entsteht.

41

Kräuter auf der Fensterbank

Den wenigsten Raum benötigen ganzjährige Zimmerkräutergärten. Sie sollten an hellen Fensterfronten stehen. Am besten eignen sich helle Ost- und Westfenster und im Winter die Südfensterfronten.

Ideale Standorte bieten Wintergärten. Zusammen mit Zierpflanzen können die Kräuter in dekorativen Gefäßen schmückende und belebende grüne Nischen in den Wohnungen darstellen. Schnellwachsende Kräuterarten wie Kresse, Dill, Kerbel, Portulak und Senf

werden mehrmals im Jahr in Folgesätzen ausgesät. Selbstverständlich gehören zum Zimmer- und Balkonkräutergarten auch mehrjährige Kräuterarten. Am bekanntesten sind Zitronenmelisse, Dost, Rosmarin, Thymian, Ysop, Lavendel, Minzearten, Pimpinelle, Tripmadam, Weinraute, Salbei und Estragon. Selbst der starkwachsende Liebstöckel braucht nicht zu fehlen. Steht genügend Platz zur Verfügung, ergänzen wir das Sortiment mit Duftpelargonien, Zitronenstrauch und einem Lorbeerbaum. Sobald es im Frühjahr die Witterung erlaubt, darf die Kräutergesellschaft nach vorheriger

Kräuter in Töpfen auf der Fensterbank

Salbei eignet sich für die Fensterbankkultur.

Bewährte Kräuter für Zimmer-Kulturen	
Eberraute	Töpfe, Kästen
Lavendel	Töpfe
Kresse	Schale
Minze-Arten	Töpfe, Kästen, Ampeln
Rosmarin	Töpfe, Ampeln
Rukula	Schalen, Kästen
Salbei	Töpfe
Schnittlauch	Töpfe
Senf	Schalen
Thymian-Arten	Töpfe, Ampeln
Wurzelpetersilie	tiefe Töpfe
Zitronenmelisse	Töpfe, Kübel
Zitronenverbene	Töpfe, Kübel

Abhärtung und Gewöhnung an das Sonnenlicht auf das gesicherte Außenfenster wechseln.

Vorteilhafter als das Fensterbrett ist eine Fensterwanne, die innen wasserdicht mit einer Folie ausgekleidet werden kann. Entweder kultivieren wir direkt ins Erdreich, „füttern" die Töpfe in Moos oder anderes humoses Material ein oder stellen Pflanzgefäße in Untersetzer bzw. Übertöpfe, um den Wasserhaushalt besser regulieren zu können. Man kann die „Topf-Kräuter" auch in Rinnen mit Kies oder zerkleinerten Tonscherben stellen, um Übernässung vorzubeugen. Favoriten für solche Kulturen sind Schnittlauch, Knoblauch zur Grüngewinnung und Wurzelpetersilie in Töpfen.

Schnittlauch-Treiberei

Am einfachsten werden im Herbst kräftige Pflanzen des eigenen Gartens ausgegraben. Die Blätter lassen wir abwelken und einziehen und die Klumpen durchfrieren. Bleibt im Spätherbst die Witterung lange mild, so daß die Klumpen nicht durchfrieren können, kann man die geputzten Wurzelballen durch ein etwa zehnstündiges Wasserbad bei Temperaturen von 35–40 °C stimulieren und damit die Treiberei einleiten. Dann wird eingetopft, und die Töpfe werden ans warme Fenster oder ins Gewächshaus gestellt. Je wärmer die Kultur gefahren werden kann, desto schneller erscheinen die feinen röhrenförmigen Blätter. Nach drei-

1

2

Schnittlauch-Treiberei
1 Kräftige ausgegrabene Pflanzen läßt man durchfrieren, oder man stimuliert die Ballen durch ein zehnstündiges Wasserbad bei Temperaturen von 35–40 °C.
2 Danach wird eingetopft und zum Treiben auf das Fensterbrett oder ins Gewächshaus gestellt.

maligem Schnitt sind die Pflanzen meist erschöpft. Die abgeschnittenen Schnittlauchstauden können wir selbstverständlich wieder auf unser Kräuterbeet im Garten zurückbringen.

Knoblauch-Treiberei

Hierzu stecken wir jeweils mehrere Zwiebelzehen in die vorbereiteten Töpfe. Bei genügend feuchter Erde und Zimmertemperatur treibt der Knoblauch sehr schnell aus, und das würzige Grün ist ebenfalls mehrmals zu ernten. Knoblauchgrün gibt den Gerichten, vor allem Salaten und Quark, in dezenter Form raffinierten Geschmack und gilt als Geheimtip der Küchenmeister.

Zimmertreiberei von Wurzelpetersilie

Je nach Größe können wir mehrere Wurzeln in einen tiefen Topf einpflanzen und bei mäßiger Feuchtigkeit und Wärme antreiben. Beim Ernten dürfen immer nur die älteren Blätter von außen abgenommen werden, um damit eine lange und reichliche Nutzung zu gewährleisten.
Selbstverständlich kann man auch im Frühherbst gesunde Pflanzen von **Blattpetersilie** eintopfen und für die Winterkultur vorbereiten. Allerdings ist der Erfolg nicht so sicher wie bei Wurzelpetersilie.
Eine weitere Möglichkeit besteht durch

Vorbereiten der Zimmertreiberei mit Wurzelpetersilie

zu können, säen wir Weißen Senf *(Sinapis alba),* Rukula *(Eruca sativa)* und Gartenkresse *(Lepidium sativum)* für unsere Fensterbankkultur: Senf- und Rukulasamen keimen in Töpfen oder Schalen freudig innerhalb weniger Tage und sind dann nach etwa zwei Wochen schnittreif. Deshalb müssen wir im Abstand von zwei bis drei Wochen immer wieder neue Aussaaten vornehmen.

Im Schnellverfahren ist besonders Kresse zu produzieren. Als Gefäße eignen sich für die Anzucht wasserdichte flache Schalen, die wir entweder mit einigen Zentimetern sandiger Erde fül-

Aussaat von Blattpetersilie im Juli im Freiland oder in Saatkisten. Wenn sich die ersten Laubblättchen gebildet haben, werden am besten jeweils mehrere Pflanzen in Töpfe von mindestens 8 cm Durchmesser pikiert. Im September ist Umpflanzen in den Erdtopf erforderlich, und danach können die Zimmerkultur und die baldige erste Ernte einsetzen. Ähnlich können wir auch mit Dill, der den lichtreichsten Standort beansprucht, und mit Kerbel verfahren. Wichtig ist bei diesen Kräuterarten, daß keine Übernässung der Topferde die Winterkultur gefährdet.

Senf, Rukula und Gartenkresse

Um mit großer Sicherheit den ganzen Winter über frisches Würzgrün ernten

Senfsamen keimen schnell. Sie eignen sich gut für die Zimmer-„Kräuterei".

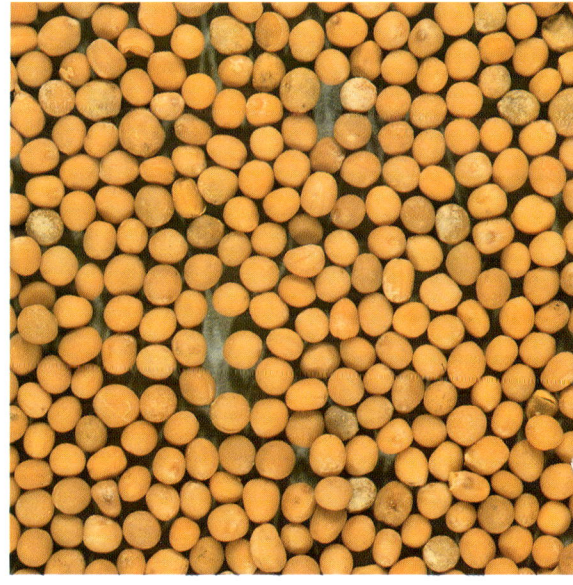

Im Handel erhältlichen Tonfiguren können wir innerhalb weniger Tage ein lustiges „Kressekleid" wachsen lassen. Wichtig: Die Tonfigur muß immer feucht bleiben!

len oder in die wir Löschpapier bzw. unparfümierte Papiertaschentücher in mehrfachen Lagen oder Watte einlegen und anfeuchten. Danach wird der Samen der Gartenkresse ausreichend dicht ausgesät und feucht gehalten. Bereits nach wenigen Tagen zeigen sich aus den Keimlingen die ersten Blättchen, und nach etwa anderthalb Wochen, wenn die Pflanzen 5–6 cm hoch sind, kann die Ernte mit der Haushaltsschere beginnen. Für diese kurze Kulturzeit reichen allein die Nährstoffe des Samengewebes für die Entwicklung aus.

Wenn wir im Abstand von etwa zwei Wochen Folgesaaten durchführen, steht immer ausreichend Kressewürzkraut zur Verfügung.

Pflege der Fensterbankkulturen

Denken wir bei allen Gefäßkulturen stets daran, daß wir den Pflanzenwurzeln in den Gefäßen nur wenig Raum sowie begrenzte Wasserversorgung zumuten. Soll der Erfolg nicht ausbleiben, müssen Pflanzung und Pflege so sorgfältig wie bei unseren Topfblumen

Ysop gedeiht im Topf auf der Fensterbank.

geschehen. Als Substrat ist entweder handelsübliche Fertig-Blumenerde oder eine eigene Mischung aus reifem Kompost mit Sandzugaben empfehlenswert. Vorteilhaft geben wir in die Erde Hornspäne als Vorratsdünger. Alle Gefäße sollten ausreichend dräniert sein, um Schäden durch Vernässung vorzubeugen. In die Schalen, Kästen und Töpfe, die in jedem Falle am Boden Abzugslöcher haben sollen, gibt man Tonscherben und eine Schicht Sand oder Kies. Die Erde füllen wir nicht randvoll in die Kulturgefäße, sondern belassen einen etwa 2 cm breiten Gießrand. Erleichterte Pflege und weniger Gießfehler infolge zu feuchter oder trockener Perioden bieten z. B. Balkonkästen mit Wasserspeicher aus dem Gartenfachhandel.

Auch Weizenkeime tragen dazu bei, die kräuterarme Jahreszeit zu überbrücken.

Mit frischen Keimsprossen den Winter überbrücken

Die Sprossenkultur kam aus asiatischen Ländern in die mitteleuropäischen Feinschmeckerrestaurants und mit der wachsenden Verbreitung der Vollwertkost in unsere Haushalte. Frische Keimsprossen sind in der Winterzeit zur Überbrückung des mangelnden Vitaminangebotes nicht mehr wegzudenken. Sie bereichern den Speiseplan als Rohkost, würzende Beilage zu Salaten und Gemüsen, als Füllgemüse für die begehrten Frühlingsrollen oder für selbstgemachtes Nasi- oder Bami-goreng. Ungekeimte

Samen sind im allgemeinen schwer verdaulich.
Samen und Samenmischungen für die Sprossenkultur sowie Keimschalen oder sogenannte Keimapparate mit ausführlichen Gebrauchsanweisungen werden überall im Samenfachhandel sowie in Reformhäusern und Naturkostläden angeboten.
Man sollte beachten, daß die Samen am besten aus kontrolliertem biologischen Anbau stammen, niemals behandeltes (gebeiztes) Saatgut verwenden!

49

„Gesund durch den Winter mit Keimsprossen" – hier Alfalfa

Neben den bereits genannten Pflanzenarten Weißer Senf *(Sinapis alba)*
und Gartenkresse können wir mit den
Keimgefäßen Sprossen der Getreide-
arten Weizen, Roggen, Gerste, Hafer,
Hirse und Reis gewinnen; Hafer, Alfalfa (Luzerne) und Bockshornklee, Erbsen, Kichererbsen, Linsen, Rettich
oder Leinsamen werden auch in Mischungen vom Handel angeboten.

Zum Keimvorgang geben wir die Samen in das Keimgefäß – ersatzweise
eignet sich auch ein Einmachglas –

und übergießen mit Wasser, bis die Samen bedeckt sind. Danach schütteln wir das geschlossene Gefäß und lassen das Wasser über ein Leinentuch oder einen geschlitzten Deckel ablaufen. Wenn möglich, sollte dieses Durchspülen ein-, besser zweimal täglich erfolgen. Raumtemperaturen von mindestens 15 °C, am besten 18–22 °C, fördern optimal die Keimentwicklung. Nach dem Aufquellen der Samen sind die brauchbaren Keime bei manchen schon nach vier bis fünf Tagen verfügbar. Das Erntegut ist ohne Putzaufwand sofort gebrauchsfertig, hält sich gekühlt drei bis fünf Tage frisch oder kann auf Vorrat eingefroren werden.

Samen von Hülsenfrüchten (z. B. Erbsen, Kichererbsen, Linsen) enthalten ein natürliches Gift (bekannt von „grünen Bohnen"), das eventuell beim Keimen nur unvollständig abgebaut wird. Um es unschädlich zu machen, sollten diese Sprossen vor dem Verzehr drei Minuten blanchiert werden.

Kräuter pflegen wie zu Großvaters Zeit

Zu allen Jahreszeiten gibt es interessante Betätigungen in der Kräutergärtnerei. Jedenfalls ist es sinnvoll, im Arbeitskalender wichtige Daten der Vermehrung, Pflege und Ernte aufzuschreiben. Dies gilt nicht nur für Anfänger, auch dem routinierten Anbauer helfen solche Aufzeichnungen, eine bessere Übersicht zu behalten.

Standort

Der langfristige Erfolg unserer Kräuterkulturen wird maßgeblich vom Standort bestimmt. Vorteilhaft sind in

Kräuteranzucht – Jungpflanzen aus dem Frühbeetkasten

sonnigen Lagen durchlässige, humushaltige, tätige Gartenböden. Bei schweren, tonigen Bodenarten auf Baugrundstücken mit Bodenverdichtungen ist zunächst eine Gründüngungskultur empfehlenswert.
Humusarme Sandböden sind mit Komposterde, verrottetem Stallmist, Rindenhumus u. a. zu verbessern. Bodenproben geben Auskunft über den Nährstoffzustand (Kalium, Phosphorsäure, Magnesium) und den pH-Wert, mit Empfehlungen für eventuell erforderliche Kalkgaben zur Bodenverbesserung. Der pH-Wert für unsere Kräuterkulturen sollte je nach Bodenart (Sandboden – sandiger Lehm – Lehmboden) zwischen 5,5 und 6,5 liegen.
Bis zur Pflanzung im Frühjahr können vorteilhaft Kurzzeit-Gründüngungs-

kulturen, z. B. mit Senf oder Spinat, vorangestellt werden.

Aussaat und Pflanzung

Einjährige und zweijährige Kräuter säen wir direkt im Frühjahr auf die vorgesehene Fläche des Kräutergartens, oder wir kultivieren die Jungpflanzen im Gewächshaus, Frühbeetkasten oder am Zimmerfenster in Saatschalen und Kästen vor. Brauchen wir nur Einzelpflanzen, lohnt sich die Mühe der Vermehrung meist nicht, weil wir von vielen Kräutern Jungpflanzen in Gärtnereien oder auf dem Wochenmarkt kaufen können. Andererseits ist die Freude Anreiz genug, wenn die Vermehrung gelingt.

Die eigene Aussaat bringt viel Freude – besonders, weil man das Keimen erleben und den Pflänzchen beim Heranwachsen „zusehen" kann.

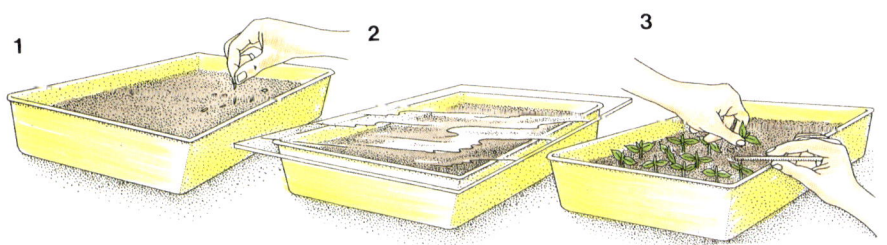

Vorkultur
Nach der Aussaat (**1**) wird mit Papier, Folie oder Glas (**2**) abgedeckt. Wenn die Sämlinge ihre ersten Laubblättchen gebildet haben, vereinzeln oder pikieren (**3**).

Anzucht in Saatkisten
Am häufigsten erfolgt zur Vorkultur (= geschützte Jungpflanzenanzucht) die Aussaat z. B. in Saatkisten. Dazu wird das Gefäß mit sandiger, humoser Erde beinahe randvoll gefüllt, glatt angedrückt, gewässert, dünn besät, mit Substrat oder Sand übersiebt, leicht abgedeckt, nochmals angedrückt und mit Papier oder Folie bedeckt, damit gleichmäßige Feuchtigkeit zum Keimprozeß gewährleistet wird. Sobald die

Die Kräuter-Jungpflanzen werden getopft.

Pflänzchen sich heranbilden, gewöhnen wir die Kultur an das Raumklima und pikieren die Sämlinge, wenn diese ihre ersten Laubblättchen gebildet haben. Später können wir die Jungpflan-

zen noch topfen, bevor sie den endgültigen Platz im Garten erhalten.
Bevor die Pflanzen nach draußen kommen, müssen sie abgehärtet bzw. an das „neue" Klima gewöhnt werden. Dazu stellt man sie an bedeckten Tagen in den Garten oder an eine schattige Stelle. Sie dürfen in keinem Fall sofort der Sonne ausgesetzt werden. Zu beachten ist außerdem, daß bestimmte Pflanzen keinen Frost vertragen und erst Mitte bis Ende Mai nach draußen dürfen.

Anzucht in Preßtöpfen
Ein empfehlenswertes einfaches Anzuchtverfahren bietet das Kleingewächshaus mit Preßtöpfen – gleichermaßen für Aussaaten und Stecklingsvermehrung geeignet. In Wasser quellen die Preßtöpfe auf und sind in wenigen Minuten verwendungsfähig. Die glasklare Kunststoffhaube des Kleingewächshauses ist lüftbar und ermöglicht das notwendige Abhärten der Sämlinge vor der Pflanzung.

Frühaussaat im Freien
Eine Direktsaat ist möglich, sobald der Boden genügend abgetrocknet ist, und wenn wir anschließend das Saatbeet mit Flachfolien, -vliesen oder Folientunnel schützen.
Beim Aussäen gilt die Regel, daß wir den Samen nur mit dem Zwei- bis Dreifachen seiner Dicke mit Boden, besser mit feinem Sand abdecken sollen. Lichtkeimer sät man vorteilhaft auch in Rillen, braust aber den Samen nur vorsichtig in den Boden ein.

Vegetative Vermehrung

Vermehrung durch Stecklinge

Stecklingsvermehrung erfolgt nur von qualitativ hochwertigen, gesunden Mutterpflanzen. Dazu schneiden wir die Stecklinge mit einem scharfen Messer unterhalb eines Blattknotens, insbesondere die 5 cm langen Kopftriebe, und stecken diese in ein Gefäß mit sandiger Erde. Mit kleinen Drahtbügeln, über Kreuz gesteckt, entsteht die Unterkonstruktion für ein Minifolienzelt.

Für verschiedene Pflanzenarten gibt es im Samenhandel Pillensaatgut, um die Aussaat zu erleichtern. Auch werden Saatbänder und -teppiche mit verschiedenen Kombinationen angeboten.
Vorsicht: Frühsaaten unter Folien und Vliesen sind durch Nacktschnecken gefährdet.

Teilen mehrtriebiger Wurzelstöcke

Dies ist das einfachste Vermehrungsverfahren, falls wir nur wenige Einzelpflanzen benötigen. Dazu werden die Wurzelballen im Frühjahr aus dem Boden genommen und mit einem Spaten oder großen Messer halbiert oder geviertelt. Das Teilen der mehrjährigen Kräuterarten verbinden wir zweck-

1

2

Stecklingsvermehrung
1 Unterhalb eines Blattknotens wird der Steckling geschnitten und dann in sandige Erde gesteckt.
2 Aus zwei über Kreuz befestigten Drahtbügeln und Folie entsteht ein Minifolienzelt mit bestem Vermehrungsklima.

Teilen älterer mehrtriebiger Wurzelstöcke gelingt mit einem Spaten oder einem großen Messer.

Vermehrung von Wurzelausläufern

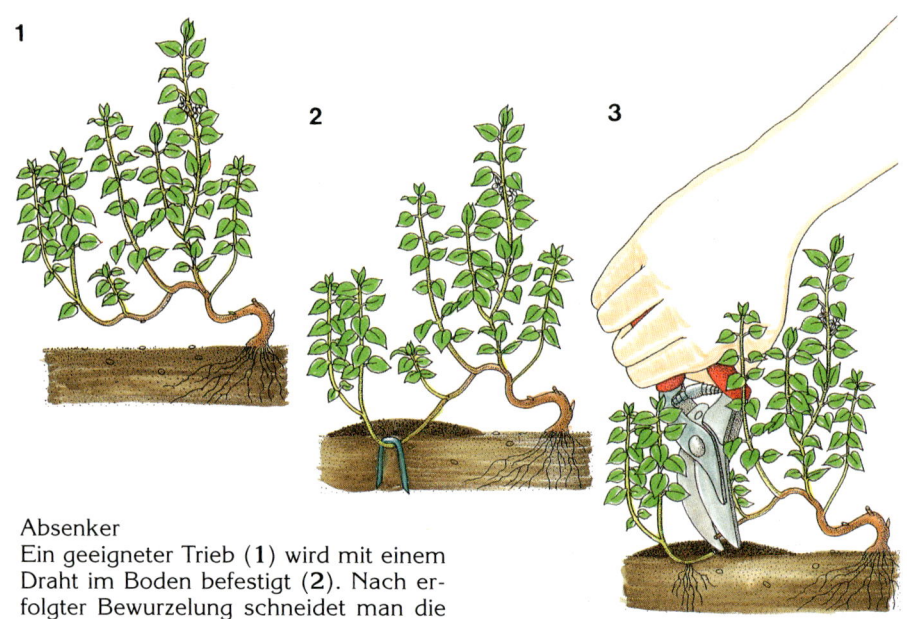

Absenker
Ein geeigneter Trieb (**1**) wird mit einem
Draht im Boden befestigt (**2**). Nach er-
folgter Bewurzelung schneidet man die
Jungpflanze ab (**3**).

58

mäßig mit einem Standortwechsel, um Bodenmüdigkeit vorzubeugen.

Vermehrung durch Wurzelausläufer

Diese Vermehrungsart, z. B. bei Minzearten, erfolgt mit etwa 5 cm langen Teilstücken, die bereits Triebe gebildet haben, zumindest aber genügend Austriebsknospen besitzen müssen. Eine solche Vermehrung können wir direkt im freien Land im Frühjahr vornehmen oder mit Hilfe der Kistenvermehrung durchführen, wie es bei Stecklingen üblich ist.

Vermehrung durch Absenker

Auch Absenken kann zur Vermehrung mehrjähriger Kräuter dienen, z. B. von Thymianarten. Ausladende Triebe werden dazu in den Boden eingedrückt und mit Drahtbügeln dort bis zum Anwurzeln festgehalten. Danach wird die Jungpflanze abgetrennt und gesondert weiterkultiviert.

Düngung

Ist der Boden nach dem Untersuchungsbefund hinreichend mit den Hauptnährstoffen versorgt oder seit Jahren in gutem Kulturzustand, können wir auf mineralische Düngung weitgehend verzichten, denn schon geringe Überdosierung, z. B. von Stickstoff, kann die Pflanzen stark zum Treiben bringen und dadurch Aroma und Würzkraft beeinträchtigen. Im allgemeinen genügt für die Nährstoffversorgung eine kräftige Gabe Kompost

oder verrotteter, vererdeter Stallmist. Läßt die Triebigkeit stark nach und wird die Blattfarbe hellgrün, zeigt dies meist unzureichende Stickstoffversorgung an. In diesem Falle empfehlen sich zusätzliche Gaben von Hornspänen, Blutmehl oder anderen organischen Düngern. Schnell wirksam sind flüssige Dünger aus Brühe-Ansätzen mit Kräutern und organischen Düngemitteln, z. B. Hornspäne-, Stallmist- oder Kompostwasser.

Zum Mulchen verwenden wir organisches Material, wie z. B. Schreddergut, Sägemehl, Kompost oder Rindenmulch.

Der wichtigste flüssige Kopfdünger, Kompostwasser oder Komposttee, entsteht, indem wir eine Schaufel reinen Kompostes in einem Eimer Wasser gut durchrühren. Selbstverständlich ist die Pflanzenernährung auch von ausreichender Wasserversorgung abhängig. Deshalb ist es empfehlenswert, den Boden im Kräutergarten mit organischen Materialien, z. B. Rindenmulch, Schreddermaterial, Sägemehl oder Rohkompost, zu mulchen. Dazu rauhen wir den Boden vorher auf, und geben im Sommer eine 2–4 cm starke, für den Winter eine 8–12 cm starke Mulchschicht. Jetzt muß nur bei extrem anhaltender Trockenheit zusätzlich bewässert werden. Durch das Mulchen wird zudem der Unkrautwuchs weitgehend unterbunden und das Bodenleben beachtlich aktiviert.

Pflanzenschutz

Zum Pflanzenschutz bleibt festzustellen, daß im allgemeinen keine chemischen Behandlungen erforderlich sind. Unsere Kräuter, weitgehend noch mit Wildcharakter, sind äußerst widerstandsfähig gegen Krankheiten. Auch richtige Standortwahl und Zusammenstellung der Kräuterarten zu Pflanzengruppen, aus denen in der Folge echte Lebensgemeinschaften erwachsen, beugen Krankheitsbefall vor. Für die Kräutergärten empfehlen sich überwiegend mechanische Pflanzenschutzmaßnahmen. So führt stärkerer Rückschnitt rost- und mehltaubefallener Minze und Melisse zu gesundem Neutrieb. Auch Entfernen der Schnecken und Raupen durch Absammeln sowie Aufstellen von Fallen zum Fangen von Schnecken oder Wühlmäusen sind zu nennen. Im Kräutergarten können wir ferner durch Kulturschutznetze gefähr-

dete Pflanzen vor Schädlingen schützen. Durch Aufhängen von leimbestrichenen Gelbtafeln ist eine Bekämpfung von Blattläusen und Weißer Fliege in begrenztem Umfange möglich. Nimmt die Blattlausplage allerdings ungewöhnliche Ausmaße an, z. B. in einer jungen Dillkultur, helfen wir uns mit Spritzpräparaten, die für Menschen, Haustiere und Nützlinge unbedenklich sind.

Kräuterjauchen, Kräuterbrühen und Kräutertee selbst herstellen
Für alternative Nutz-Kräutergärten sind die bekannten unterstützenden

Zum Ansetzen von Kräuterbrühen wird Pfefferminze kleingeschnitten.

Spritzmaßnahmen (mit Schachtel-halmtee gegen Pilzerkrankungen, Brennesselbrühe gegen Blattläuse und Wermuttee gegen Erdflöhe) allgemein üblich.

Zu jedem Kräutergarten gehört eigent-lich eine Kräutertonne, um Kräuterab-fälle zu sammeln und diese für Kräu-terbrühen und Kräuterjauchen in Was-ser anzusetzen.

Die bekanntesten Kräuter für gezielte Pflanzenschutz- und Düngungsmaß-nahmen im alternativen Gartenbau sind Brennessel, Schachtelhalm, Bein-well, Rainfarn und Wermut. Zur Her-stellung von Pflanzenauszügen lassen sich selbstverständlich auch viele an-dere Arten, z. B. Ysop, Majoran, Minze und Kamille, verwenden. Wir unter-scheiden Kräuter-Kaltwasserauszüge, Kräutertees, Kräuterbrühen und Kräu-terjauchen.

Für Kräuterauszüge zum Pflanzen-schutz wird – in der Regel – 1 kg Grün-masse, z. B. von Brennesseln oder Beinwell, handlang geschnitten und in Bottichen, Fässern oder Eimern in 10 Liter kaltem Wasser, am besten Regenwasser, angesetzt. Nach 12–24 Stunden, spätestens nach drei Tagen, ist der Brennesselauszug spritz-fertig und kann unverdünnt, z. B. zur Bekämpfung von Blattläusen, einge-setzt werden.

Gären die Kräuterauszüge (bei war-mem Wetter beginnt der Gärungspro-zeß nach wenigen Tagen und ist je nach Temperatur nach anderthalb bzw. zwei, im Extremfall bis fünf Wochen beendet), gewinnen wir Kräuterjau-

Beinwell kann für Kräutertees und -jau-chen verwendet werden.

chen zur flüssigen Düngung. Vermehr-tes Umrühren wird empfohlen, und zum Binden des Jauchegeruches soll-te jeweils vor dem Rühren eine Hand-voll Steinmehl zugesetzt werden. Vor Gebrauch sind die Kräuterjauchen im Verhältnis 1 : 10 mit Wasser zu ver-dünnen.

Kräutertee zur Pflanzenstärkung wird durch Überbrühen von frischen oder getrockneten Kräutern, z. B. Beinwell, Kamille, Löwenzahn, Schachtelhalm oder Wermut, mit kochendem Wasser hergestellt. Zum gleichen Zweck der Pflanzenstärkung können wir auch die Rückstände unserer Trink-Kräutertees nach dem Aufbrühen noch einmal mit warmem Wasser ansetzen und nach ei-nigen Stunden zum Gießen der Zim-mer-Kräuterkulturen verwenden.

Kräutertee aus Wermut – ein natürliches Schädlingsbekämpfungsmittel

Kräuterbrühen gegen verschiedene Pflanzenkrankheiten, z. B. Mehltau und Rost, entstehen ebenfalls aus frischen oder getrockneten Nutz- oder Wildkräutern, die 24 Stunden lang in Wasser angesetzt, danach 20 Minuten auf kleiner Flamme gekocht, zugedeckt, abgekühlt und dann gesiebt Anwendung finden.

Bekannte Kräuterbrühen sind Schachtelhalm- oder Rainfarn-Absude, angesetzt mit zehn Litern Wasser für 300–500 g frische Pflanzenmasse.

Vorsicht! Nicht abgedeckte Behälter mit Kräuterjauchen und -brühen sind Gefahren für spielende Kinder und Nutztiere.

Kräuterreste, auch nach der Vergärung, können sinnvoll zur Bodenbedeckung (Mulchen) oder als Beigabe zur Kompostbereitung dienen.

Ergänzend sei vermerkt, daß in Kräuterjauchen und -brühen inzwischen auch verstärkt Abfallpapier und -pappe eingeweicht wird zur anschließenden einwandfreien Kompostierung. Damit ist ein Beitrag zur Entsorgung und Umweltentlastung gegeben.

Einsatz von Nützlingen

In unserem naturgemäßen Kräutergarten haben die Nützlinge als natürliche Feinde der Schädlinge beste Lebensbedingungen. Die bekanntesten Nützlinge im Kräutergarten sind Marienkäfer sowie Florfliegen und deren Larven, Schlupfwespen, Schwebfliegen und auch Ohrwürmer gegen Blattläuse sowie Raubmilben und Raubwanzen

Wirksame Kräuterjauchen, -brühen und -tees lassen sich leicht selbst herstellen.

Marienkäfer verzehren mit Vorliebe Blattläuse.

Florfliegen sind ausgeprägte Blattlaus-
jäger.

Auch die Larven der Marienkäfer werden
als Blattlausvertilger geschätzt.

Florfliegenlarven werden auch als Blatt-
lauslöwen bezeichnet.

gegen Rote Spinne (Spinnmilben). Die Weiße Fliege kann vor allem in geschützten Kulturen schädigen. Ihre natürlichen Feinde sind Schlupfwespen. Echte Schlupfwespen, die Schadraupen auf natürlichem Wege vernichten, suchen z. B. als wichtige Nahrungsquelle die Blüten unserer Doldengewächse auf.

Pflege rund ums Jahr

Sind die Kräuterbestände zu dicht geworden oder läßt der Wuchs außerordentlich nach, können wir umpflanzen, d. h. verschiedene Pflanzenarten gegeneinander auswechseln und dabei evtl. die Wurzelstöcke teilen und den Boden verbessern.

Problemlos ist der Rückschnitt ausdauernder Kräuter. Sind sie besonders sperrig gewachsen, regulieren wir bereits im Vorwinter. Der eigentliche Schnitt abgestorbener Pflanzenteile erfolgt im allgemeinen im Frühjahr, wenn der Austrieb beginnt, bis in das gesunde Holz. Um Sträucher im Zaum zu halten, sind zuweilen Auslichtungen und stärkere Rückschnitte notwendig. Unseren Kräutern geben wir zweckmäßig Winterschutz durch Anhäufeln oder Abdecken mit Fichtenzweigen. Trotzdem müssen in rauheren Gebieten verschiedene Kräuterarten, z. B. Rosmarin, aus dem Boden genommen und im Haus überwintert werden. Gleiches gilt für die fremdländischen Pflanzenarten Lorbeerbaum, Myrte und Zitronenstrauch. Die Überwinterung erfolgt

Mischkultur im Gewürzkräuterbeet

vorteilhaft in einem frostfreien, möglichst hellen Raum, am besten im Wintergarten oder Treppenaufgang. In der winterlichen Ruhezeit sind die Lebensvorgänge dieser Pflanzen stark eingeschränkt. Deshalb düngen wir nicht und gießen nur sparsam.

Würzkräuter in Mischkulturen haben vielfältige fördernde Wirkungen

Pflanze	Bekannte fördernde Wirkung; gute Nachbarschaften
Basilikum	Gurken, Kohlrabi, Schwarzwurzeln, Tomaten, Zwiebelarten
Bohnenkraut	Buschbohnen, Zwiebelarten; Abwehr gegen Bohnenlaus
Borretsch	Erdbeeren, Gurken, Kohl, Zucchini; Abwehr gegen Kohlschädlinge
Dill	Gurken, Kohlarten, Möhren, Rote Rüben, Salat
Gartenkresse	Radieschen, Rettich, Salat
Kapuzinerkresse	Kartoffeln, Radieschen, Rettich, Tomaten, Zucchini
Kerbel	Radieschen, Salat; soll Schnecken abwehren
Knoblauch	Gurken, Möhren, Rote Rüben, Salat, Spargel, Tomaten
Koriander	Erdbeeren, Frühkartoffeln, Gurken, Kohlarten, Rote Rüben
Lavendel	soll bei Gemüse Blattläuse abwehren
Lauch	Kohlarten, Möhren, Salat, Sellerie, Tomaten, Zwiebeln
Majoran	Möhren
Petersilie	Kartoffeln, Kohl, Rettich
Rosmarin	Möhren
Senf	für die meisten Gemüsearten, sofern Garten nicht durch Kohlhernie gefährdet ist
Salbei	allgemein günstig; soll Blattläuse und Schadraupen abwehren
Schnittlauch	Kohlarten, Möhren
Sellerie-Schnitt	Gurken, Kohlarten, Lauch, Tomaten
Thymian	allgemein günstig; wirkt Raupen und Blattläusen entgegen
Ysop	allgemein günstig, soll Schadraupen abwehren
Zwiebel	Bohnen, Bohnenkraut, Dill, Erbsen, Gurken, Möhren, Salat, Spargel

Kräuter zur Mischkultur im Gemüsegarten

Die kräuterarme Zeit verkürzen

Mit Folien und Vliesen haben wir die Möglichkeit, die Frischkräutersaison wesentlich zu verlängern. Am bekanntesten sind Ernteverfrühungen durch Überbauen der Kräuterkulturen mit niederen Folientunnels oder gelochten Flachfolien bzw. Vliesen. Bei milder Witterung kann bereits ab Februar die Kulturverfrühung beginnen. Wichtig ist, daß die isolierende Wintermulchschicht vorher weggeräumt wird, damit sich der Boden leichter erwärmt. Sind Frühbeetfenster vorhanden, basteln wir einen passenden Holzrahmen zur mobilen Überbauung als sogenannten Wanderkasten.

Sobald sich der Boden auf mehr als +6 °C erwärmt hat, beginnt der Austrieb der ersten Kräuterarten, z. B. von

Großem Sauerampfer, Schnittlauch und anderen Zwiebelarten.

Zur Kulturverfrühung der Saatkulturen, z. B. Dill, Petersilie und Weißer Senf, sind Kräuterbeetgärten vorteilhaft, weil sich einfaches beetweises Überbauen anbietet. Die Kräutersaison können wir selbstverständlich mit gleichen Hilfsmitteln im Spätherbst – nicht selten bis Dezember – verlängern.

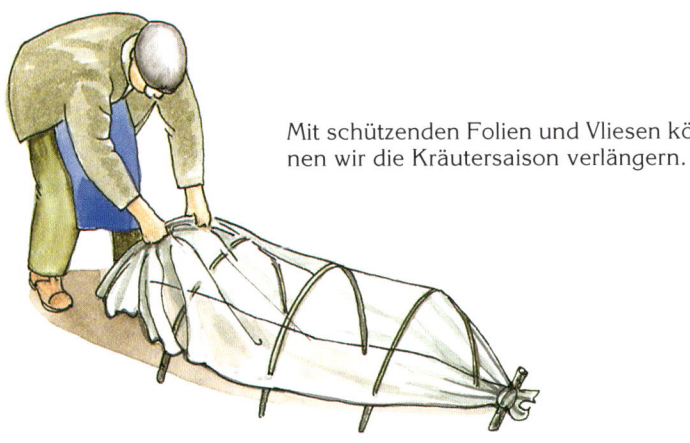

Mit schützenden Folien und Vliesen können wir die Kräutersaison verlängern.

Kräuter ernten –
so erhalten Sie
die Inhaltsstoffe

Überreich ist in den Sommermonaten oft das Ernteangebot als Segen für Mühen und Sorgfalt im Kräutergarten. Nun gilt es, zum günstigsten Zeitpunkt zu ernten, auch zur Haltbarmachung für die kräuterarme Jahreszeit.

Die Ernte hat begonnen – dekorativer Erntekorb mit Kräutern

Sorgfältiges Ernten bestimmt die Kräuterqualität

Die Kräuter sind am wertvollsten, wenn sie frisch im Garten geerntet und sofort verlustlos verwendet werden können. Stellen wir Kräuter in ein Glas mit klarem Wasser, ist die Frischhaltung einige Tage möglich. Dabei dürfen nur die Stiele im Wasser stehen und

keine Blätter, um vorschnellem Faulen vorzubeugen. In Frischhaltebeuteln, Aluminiumfolie oder Kunststoffbehältern im Kühlschrank aufbewahrt, halten sich grüne Kräuter ca. eine Woche lang frisch.

Die **grünen Küchenkräuter** werden im allgemeinen vor der Blüte gepflückt oder geschnitten; denn meist sind zarte Blätter und Triebe begehrt, z. B. bei Garten- und Kapuzinerkresse, Borretsch, Pimpinelle und Estragon. Selbstverständlich werden blühende Pflanzen nicht wertlos, das Schnittgut ist allerdings faseriger und oft bitter oder schmeckt beißend. Ergänzend sei bemerkt, daß sich manche Blüten nicht nur zur Dekoration eignen, sondern auch eßbar sind, z. B. Blüten von Kapuziner- und Gartenkresse, Schnittlauch, Kerbel, Borretsch und Bohnenkraut.

Die Frischkräuter waschen wir vor der Verwendung rasch und behutsam unter fließendem Wasser, schütteln ab, damit das Wasser zwischen den Fingern oder vom Sieb abtropft.

Für **Kräuter**, die **haltbar** gemacht werden sollen, liegt die günstigste Erntezeit im allgemeinen kurz vor der Blüte. Dann sind der größte Blattertrag und der höchste Gehalt an Inhaltsstoffen, insbesondere bei Kräuterarten mit ätherischen Ölen, zu erwarten.

Kraut, Blätter und Blüten ernten wir am besten am frühen Vormittag, sobald die Pflanzen tautrocken sind, oder in der Mittagszeit. Der Rückschnitt soll nur so tief erfolgen, daß genügend Blätter an den verbleibenden Trieben

Jetzt können wir zum erstenmal Basilikum schneiden.

einen erneuten kräftigen Austrieb ermöglichen. Vergilbte, faulende und kranke Blätter sind vom Schnittgut zu trennen.

Der günstigste Zeitpunkt für die **Samenernte** ist der frühe Morgen, weil die reifen taufrischen Samenstände in diesem Zustand weniger Samenkörner verlieren. Wurzeln und Wurzelstöcke werden im Spätherbst oder zeitigen Frühjahr ausgegraben, entweder in Sand eingeschlagen und kühl gelagert oder gründlich gewaschen und in kurze, 2–3 cm lange Stücke geschnitten, um das nachfolgende Trocknen zu beschleunigen.

Frische Kräuter zu allen Mahlzeiten

Bei allen Konservierungsverfahren müssen – selbst bei schonendster Behandlung – Verluste an Inhaltsstoffen und chemische Veränderungen hingenommen werden. Pflanzenkost ist unbestritten dann Heilkost, wenn das Leben der Zellen erhalten bleibt und alle Vitalstoffe noch aktiv sind. Deshalb gilt der Grundsatz, Kräuter möglichst frisch zu verwenden! Frische Kräuter zum Würzen duften stärker und schmecken arttypisch würziger.

Im Sog zunehmender Bedeutung der Rohkostgerichte sind auch frische Würzkräuter stärker gefragt. Rohkost ohne frische Kräuter ist nicht mehr vorstellbar. Essenszubereitung mit Würzkräutern hilft außerdem, Kochsalz zu sparen. Bei Diätgerichten, für die Kochsalz und scharfe Gewürze nicht erlaubt sind, können nur Würzkräuter weiterhelfen. Frische Kräuter werden auch zur Körperentschlackung im Nachwinter gegen die Frühjahrsmüdigkeit empfohlen.

Der bekannte dänische Wissenschaftler Gudjonsson hatte bereits in den dreißiger Jahren mit Tierversuchen nachgewiesen, daß ausreichende Vitaminversorgung Erkältungskrankheiten vorbeugt. Nach seiner Ansicht beruht auch die Frühjahrsmüdigkeit ab der zweiten Winterhälfte auf Vitaminmangel.

Zum morgendlichen Auftakt frische Kräuter zum Frühstück – etwas Delikateres, Bekömmlicheres und Gesünderes gibt es nicht. Man erinnert sich wieder an die Rezepte der Großeltern und experimentiert mit Freude. Besonders für die kalten Mahlzeiten, Frühstück, Brotzeit und Imbiß, eignen sich Kräuter als schmackhafte Ergänzung. Kräuterquark, Kräuterbutter, Kräuteraufschnitt oder Kräuter-Dips sind als preisgünstige Köstlichkeiten des Alltags nicht mehr wegzudenken. Quark oder Weißkäse, einst billiges Nebenprodukt der Milchverwertung, ist zu einem vielbegehrten Nahrungsmittel geworden. Am wertvollsten ist Magerquark, fettarm, aber mit hohem Eiweiß- und Mineralstoffgehalt. Außerdem besitzt Magerquark reichlich Vitamin B_2. In idealer Weise ergänzen sich die Inhaltsstoffe des Weißkäses

Für Rohkostgerichte sind Kräuter unverzichtbar.

mit frischen Kräutern, z. B. Borretsch, Estragon, Petersilie, Großer Sauerampfer und Schnittlauch. Für die Herstellung von **Kräuterbutter** lassen sich noch weit mehr geschmacksverbessernde Kräuter verwenden, so daß Sie noch mit Eifer experimentieren können.

Auch Grieben- oder Gänseschmalz wird in vielen Familien gerne als Brotaufstrich gegessen. Mit den verschiedenen Würzkräutern kann wie bei Kräuterbutter das Brotschmalz ebenfalls individuell verfeinert werden. Selbstverständlich läßt sich noch vieles andere „kräutern"; Gemüsesäfte z. B. ergeben besonders wohlschmeckende Cocktails, auch Joghurt und Milch, mit Kräutern zubereitet, können die kalten Mahlzeiten erfreulich ergänzen.

Schließlich dürfen wir nicht den **Kräuteraufschnitt** vergessen. Hierzu nimmt man möglichst viele frische Kräuter, die uns der Garten bietet. Die Hauptbestandteile unserer Kräutermischung für den Aufschnitt sind: Borretsch, Gartenkresse, Knoblauchgrün, Petersilie, Portulak, Rukula, Großer Sauerampfer, Schnittlauch und Senf sowie in bescheidenem Umfang Basilikum, Bohnenkraut, Zitronenmelisse und Zitronenthymian. Braucht man eine größere Menge an Kräuterrohkost, können wir die Mischung mit Feldsalat, Radicchio, Schnittzichorien und jun-

Für Kräuterquark eignen sich besonders Borretsch, Estragon, Petersilie und Schnittlauch.

gen Spinatblättern erweitern. Die Kräuterrohkost wird nach dem Schneiden ausreichend gemischt und mit Tomatenscheiben und Radieschenhälften garniert.

Insgesamt gesehen dürfen wir feststellen, daß die Nachfrage nach frischen Kräutern und deren Verwendung in Zukunft mit Sicherheit zunehmen werden, besonders wenn es gelingt, durch Verbraucheraufklärung die beachtliche gesundheitliche Bedeutung des Kräuterverzehrs weiten Teilen der Bevölkerung noch bewußter zu machen, als sie jetzt schon ist.

Kräuter
konservieren

Das Trocknen ist die älteste Konservierungsmethode.

Trocknen und aufbewahren

Das älteste und verbreitetste Verfahren der Kräuterkonservierung ist das Trocknen. Es darf nicht in der Sonne geschehen, abgesehen von den Kräutern, deren Samen geerntet werden sollen. Zum Trocknen können die Kräuter zu lockeren Sträußen zusammengebunden und an Leinen oder trockenen Wänden kopfunter aufgehängt werden. Samendrogen umwickeln wir zusätzlich mit luftdurchlässigen Tüchern, Seidenpapier oder seitlich perforierten Tüchern, um ausfallende Samenkörner zu sammeln.

Empfindliche Blüten und Blätter trocknen am besten auf Trockenhorden oder -darren, die vorteilhaft mit grobmaschigem Leinen ausgelegt sind. Beste Qualitäten lassen sich mit Spezialtrockenschränken bei exakt eingestellten Temperaturen erzielen. Durch Wasserentzug beim Trocknungsvorgang verlieren die Pflanzen 80–90 % ihres Gewichtes. Im Sommer reicht die natürliche Trocknung in Schuppen oder auf Dachböden meist aus. Für 10 m² Anbaufläche rechnet man allgemein 1 m² Trocknungsfläche. Bei anhaltend feuchter Witterung ist eine zusätzliche künstliche Nachtrocknung, z. B. in Backröhren, notwendig. Für Pflanzenteile mit ätherischen Ölen dürfen die Temperaturen 35 °C nicht übersteigen, sonst sind be-

76

Kräutertrocknen auf Rosten ist auch im Solartrockner möglich.

klopfen wir kräftig ab und reinigen sie im Luftstrom. Wir bewahren sie ebenfalls in Schraubgläsern bis zum Verbrauch auf.

Vergessen Sie nicht, die Behälter zu etikettieren, mit Angaben über Inhalt und Erntejahr. Empfehlenswert sind zusätzliche Hinweise über Möglichkeiten der Verwendung.

Zum Trocknen geeignete Kräuter	
– Basilikum	– Bohnenkraut
– Dill	– Estragon
– Liebstöckel	– Lorbeer
– Majoran	– Minze-Arten
– Oregano	– Petersilie
– Rosmarin	– Salbei-Arten
– Thymian-Arten	– Waldmeister
– Ysop	– Zitronenmelisse
– Zwiebel	

achtliche Verluste an Inhaltsstoffen unvermeidlich. Zum Nachtrocknen der Kräuter oder bei feuchtem Wetter kann auch ein elektrischer Trocknungsapparat eingesetzt werden.

Der Trocknungsvorgang ist erst dann endgültig abgeschlossen, wenn die Blätter beim Anfassen rascheln und die Stengel leicht brechen.

Zum Zerkleinern treiben wir die **Blattdrogen** dann durch ein Grobsieb und füllen sie wie Blütendrogen in Weißblechdosen oder verschraubbare, dunkel eingefärbte Gläser.

Samendrogen, z.B. Anis, Dill, Fenchel, Koriander oder Kümmel, schütteln und

Vor dem Ausdreschen wird der Lein zum Trocknen aufgehängt.

Einfrieren

Ist eine Tiefkühltruhe im Haushalt vorhanden, kann das ideale Verfahren des Einfrierens der Kräuter für den Wintervorrat bevorzugt empfohlen werden.
Die Kräuter müssen nach dem Waschen sorgfältig, z. B. zwischen zwei Tüchern, abgetrocknet werden, bevor man sie weiterverarbeitet. Es ist zweckmäßig, die Kräuter in kleinen Portionen einzufrieren, damit nur die jeweils benötigte Menge entnommen und aufge-

taut werden kann. Zum Einfrieren gibt es verschiedene bewährte Methoden: Man kann die Kräuter
• zerkleinert in Eiswürfelschalen oder im Würfelgitter mit Wasser einfrieren. Die gefrorenen Würfel lassen sich dann in Gefrierdosen aufbewahren;
• portionsweise einfrieren, z. B. Petersilie in Alu-Folie, und erst vor Gebrauch in gefrorenem Zustand in der Folie zerdrücken;
• nicht zerkleinert vorgefrieren in doppelten Folienbeuteln, herausnehmen und schnell mit dem Wellholz zerkleinern, in vorgekühlte Gefrierdosen füllen und in den Tiefkühlschrank zurückgeben.
Nach dem Auftauen muß man die Kräuter rasch verwerten, weil sie schnell weich und wäßrig werden und an Würzkraft verlieren.

Geeignete Kräuter zum Einfrieren	
– Basilikum	– Bohnenkraut
– Dill	– Estragon
– Kerbel	– Liebstöckel
– Petersilie	– Pimpinelle
– Schnittlauch	– Zitronenmelisse

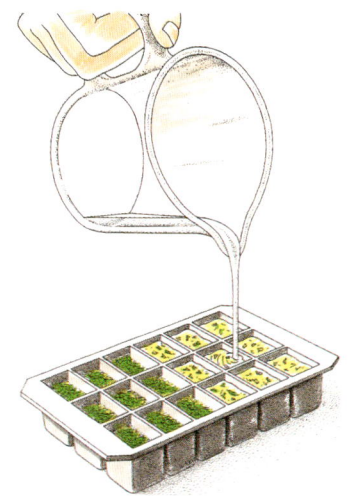

Kräuter in Eiswürfelschalen einfrieren

Einsalzen

Zum Einsalzen sind die Kräuter fein zu schneiden und lagenweise mit Salz in Gläser oder Töpfe einzuschichten. Die Kräuter können auch als Mischung eingesalzen werden, mit je 200 g Salz auf 1 kg Kräuter. Bei der Verwendung von Salzkräutern dürfen die Speisen vorher nicht gesalzen werden.

Kräuter können in Olivenöl oder Salz leicht konserviert werden.
1 Für Kräuteröl bedeckt man die zerkleinerten Kräuter fingerhoch mit Olivenöl.
2 Zum Einsalzen werden frische Kräuter zerkleinert und lagenweise mit Salz in Gläser oder Töpfe eingeschichtet.
Die Gefäße werden jeweils verschlossen und kühl aufbewahrt.

Kräuter in Essig und Öl

Auch essigsauer oder in Olivenöl lassen sich Kräuter konservieren. Dazu drehen wir die Kräuter durch den Fleischwolf oder schneiden sie mit einem Messer sehr klein, füllen die Masse in Gläser und übergießen sie mit Weinessig oder Olivenöl, bis sie fingerhoch überdeckt ist.
Wie bei den Salzkräutern werden die Gefäße verschlossen und kühl aufbewahrt.
Ähnlich wie beim Konservieren mit Salz verlieren die Kräuter auch bei dieser Methode an Aromakraft. Sie bleiben allerdings recht lange haltbar.

Kräuteressig – aromatisch und dekorativ

Essig wurde schon vor mehr als 5000 Jahren als Speisewürze geschätzt. Essig, mit Kräutern aromatisiert, kann den Salaten und Soßen einen vorzüglichen Geschmack verleihen. Wird er in einem dekorativen Glasgefäß angesetzt, dient er zugleich auch als Schmuckstück auf dem Küchenbrett. Die frisch gepflückten Kräuter werden sofort gewaschen, abgetrocknet, in das Glasgefäß gegeben und mit weißem Weinessig aufgefüllt. Durch leichtes Schütteln lösen sich die Luftbläschen von den Kräutern. Das Kräuteressiggefäß muß dicht verschlossen werden.

Geeignete Kräuter zum Einlegen in Essig und Öl	
– Basilikum	– Bohnenkraut
– Dill	– Estragon
– Knoblauch	– Lorbeer
– Minze-Arten	– Pimpinelle
– Salbei	– Schnittlauch
– Thymian	– Zitronenmelisse

Mit Kräutern kann man eigenen Essig, Öl und Wein bereiten.

Je nach gewünschter Aromaintensität bleiben die Kräuter einige Wochen oder mehrere Monate im Essigglas. Nicht weniger ansehnlich sind Kräuteressigflaschen mit nur einer einzigen Kräuterart für Spezialessige, z. B. Basilikum, Dill oder Estragon.

Kräutergelee mit eigener Note

Erfreulicherweise erinnert man sich heute wieder an Kräutergelees und Kräutermarmeladen aus früheren Zeiten. Durch verschiedene frische Kräuterblätter, z. B. von Rosmarin oder Thymian, erhalten Marmeladen und Gelees ein besonderes Aroma. Bevor die Grundmasse richtig kocht, werden die Kräuter zugegeben; nach dem Kochen wird das Ganze durchgeseiht und in Gläser gefüllt.

Eine andere Methode mit Pfefferminze, Petersilie oder Basilikum als Kräuterzusatz sieht vor, daß mit den Kräutern zunächst ein Tee hergestellt wird, den man anstelle des empfohlenen Wasseranteils zusetzt. Kräutergelees werden im allgemeinen mit Äpfeln als Grundmasse zubereitet. Aromatisiert mit Waldmeister, sollen sie gut zu Wild schmecken. Estragongelee paßt zu Fisch und Huhn, rubinrotes Rosmaringelee zu Truthahn und grünes Basilikumgelee zu Hacksteaks.

Besonders attraktive sind Geleegläser mit eingelegten Kräutern. Für Apfelgelee eignet sich eine Vielzahl von Kräutern, z. B. Salbei, die nach eigener Geschmacksnote und je nach Verwendungszweck variiert werden können. Thymian gibt man zu Trauben- und Holundergelee, Majoran und Rosmarin zu Zitrusfrüchten (Orangen, Zitronen, Grapefruits) und Minzen zu Stachelbeeren. Beim Herstellen des Kräutergelees legen wir einige Blätter oder Stengel der Kräuter in das Glas und gießen heiße Masse darüber. Die Kräuter geben nicht nur Duft und Geschmack an die Geleemasse ab. Sie bleiben durch Glas und Gelee auch deutlich erkennbar.

Gelees in verschiedenen Farben und mit Kräutereinlagen sind ohne Zweifel eine außergewöhnliche Bereicherung für das Küchenprogramm, aber auch ein originelles Mitbringsel. Marmeladen können wir mit Kräutern ebenfalls vorteilhaft aromatisieren.

„Hausmedizin": flüssige Kräutergeister

Kräutergeist und Kräuterlikör, selbsthergestellte Magenbitter – unsere Großväter sind wahre Könner in der Gewinnung von Kräuterschnäpsen gewesen. Nach einer reichlichen Mahlzeit, bei Magenverstimmungen oder vielen anderen Anlässen zeigt der Kräutergeist seine verläßliche Wirkung. Die Herstellung ist einfach. Man verwendet gerne Flaschen mit weiter Halsöffnung, gibt die – in der Regel getrockneten – Kräuter (eine kräftige Handvoll je Liter) hinein und füllt mit klarem Branntwein oder Kornbrand (mindestens 30 %ig) auf. Zugekorkt stellen wir dann die Flasche zum Durchziehen zwei bis drei Wochen an einen sonnigen Platz oder im Winter auf den Heizkörper. Zwischenzeitlich öfteres Schütteln ist vor-

Die wohltuende Wirkung von Kräuterschnaps hat schon unseren Großvätern geholfen.

81

Altbewährte Hausmedizin: der Kräutergeist

teilhaft. Später folgt Abseihen und Abfüllen in trockene Flaschen. Kräutergeist läßt sich süß oder ungesüßt
beliebig herstellen. Bevorzugt man
Kräuterliköre, wird Zucker, in Wasser
aufgekocht, hinzugefügt.

Kräuter für Schnäpse	
– Arnika	– Enzianwurzel
– Johanniskraut	– Liebstöckel
– Minze	– Rosmarin
– Thymian	– Zitronenmelisse

Medizinalweine, Würzweine

Im Mittelalter bereits waren unsere
französischen Nachbarn Spezialisten
für gewürzte Weine. Der „vinum hippo-
craticum" galt besonders heilsam, und
sein bevorzugter Genuß war nicht nur
wegen seiner heilsamen Wirkung, sondern auch durch den Namen legiti-
miert. Unabhängig entstand in Italien
in der Provinz Piemont die eigentliche
Wermutwein-Erzeugung aus Muska-
tellerweinen. Für die Herstellung der
bekannten Vermouth-Erzeugnisse werden u. a. Wermutkraut, Enzianwurzel,
Tausendgüldenkraut und Zimt verwendet, deren Mischungsverhältnis streng
gehütet wird.

Am bekanntesten sind bei uns Kräuterbowlen, Punsch und Glühwein. Darüber hinaus können wir selbst mancherlei Kräuterweine zubereiten, die dem Wohlgenuß, der Bekömmlichkeit und der Gesundung dienen.

Für den hausgemachten Kräuterwein nehmen wir einwandfreie Weiß-, Rot- oder Süßweine und geben je Liter eine Handvoll (ca. 30–40 g) der ausgewählten Kräuter in ein Glasgefäß oder irdenen Topf und stellen diese zugedeckt an einen dunklen Platz bei Zimmertemperatur. Nach mehreren Tagen kann unser Würzwein von den Kräutern abgesetzt werden und ist trinkfertig. Als Kräuter eignen sich Waldmeister (in kleinen Mengen), Rosmarin, Basilikum, Zitronenmelisse, Wermut (in kleinen Mengen), Minzearten, Salbei, Lavendel, Kamille und andere selbst erprobte Kräuter für die Hausmarke.

Die Haltbarkeit reicht bei richtigem Ansetzen von mehreren Monaten (einheimische Weiß- und Rotweine) bis zu wenigen Jahren (süße Südweine).

Kräuterpreßsäfte, Frischsaftzubereitung

Preßsäfte aus Kräutern wirken noch intensiver als übliche Rohkostzuberei-

Tausendgüldenkraut – ein Bestandteil des Würzweines

Gesunder Kräutermix mit Milch

tungen, weil sie im allgemeinen gezielt zur Behandlung bestimmter Beschwerden und kurmäßig eingesetzt werden. Am bekanntesten sind Frischsäfte aus Brennesseln. Als empfehlenswert für Frühjahrskuren gelten zudem Brunnenkresse, Eisenkraut, Pimpinelle und verschiedene Wildkräuter wie Hirtentäschel, Taubnessel, Odermennig, Löwenzahn und Wildhopfensprosse. Die gereinigte Pflanzenmasse ist so frisch wie möglich zu verarbeiten. Auch vorübergehendes Einfrieren der Trinksäfte in Eiswürfel ist möglich. Pflanzenfrischsäfte müssen zum Verbrauch immer stark mit Mineralwasser, Milch, Joghurt, Kefir u. a. verdünnt werden. Grundsätzlich sollten frische Preßsäfte sowie aufgetaute Eiswürfel aus Preßsäften noch am selben Tag verbraucht werden!

Tinkturen, alkoholische Pflanzenauszüge

Im Gegensatz zum Tee sind in der Tinktur vor allem die alkohollöslichen Wirkstoffe enthalten. Zur Herstellung verwenden wir frisches oder getrocknetes, zerdrücktes oder pulverisiertes Kräuterausgangsmaterial, übergießen es in einer Flasche mit Weingeist, lassen es 10 bis 14 Tage in geschlossenem Gefäß stehen, schütteln wiederholt, filtrieren, pressen ab und füllen in die Verbrauchsflaschen. Kräutertinkturen gewinnt man auch, indem man in Kaffeefiltern vorbereitetes Kräutergut direkt mit Alkohol übergießt.

Heilsalben, Balsame und Cremes

Heilsalben sind lindernde leichtölige oder fettige Substanzen für äußere Anwendungen. Zu ihrer Herstellung verwenden wir frische oder getrocknete Kräuter. Auch mit Kräuteröl und Tinkturen lassen sich Salben und Cremes zubereiten. Dazu werden die Rohstoffe mit Fettsubstanzen, z. B. Lanolin, Mandelöl oder Schweineschmalz, erhitzt und abgeseiht; mit Bienenwachs wird die Festigung der Salben erreicht. Eine längere Haltbarkeit ist zu erzielen, wenn nach dem Abfüllen in kleine handliche Gefäße diese mit Paraffin abgedichtet werden.

Aus Ringelblumenblüten kann man eine Heilsalbe selbst herstellen.

Achtung: Die Heilsalben, Balsame und Cremes müssen im Kühlschrank aufbewahrt werden und sind nur wenige Wochen haltbar!

Beispiel für die eigene Herstellung von Ringelblumensalbe:

200 g Schweineschmalz in einem Topf bei niedriger Temperatur schmelzen, eine Handvoll Ringelblumenblüten zufügen, gut durchrühren und erkalten lassen. Nach 24 Stunden erneut schmelzen und durch ein Tuch sieben.

Massage- und Hautpflegeöl, Badezusätze

Eines der ältesten Verfahren, die Inhaltsstoffe den Pflanzen zu entziehen, ist die Gewinnung von Kräuterölen. Die Volksmedizin bedient sich gerne der verschiedenen Kräuteröle, weil sie sich leicht selbst herstellen lassen und vielfältig als natürliche Kräutermedizin verwendet werden können. Am bekanntesten sind Pfefferminzöl, Lavendelöl, rotes Johanniskrautöl, Dillöl, Thymianöl, Melissenöl und Rosmarinöl. Die ätherischen Öle der Pflanzen sind in fetten Ölen, z. B. Oliven-, Sonnenblumen- oder Mandelöl, löslich und lassen sich damit extrahieren. Auf einen Liter gutes Speiseöl (vorzugsweise Olivenöl) geben wir eine Handvoll – bevorzugt trockene – Kräuter und lassen sie zwei bis drei Wochen in der Sonne durchziehen. Angesetztes Johanniskrautöl färbt sich in dieser Zeit dunkelrot, weil sich aus den Blü-

ten der Farbstoff Hypericin herausgelöst hat. Anschließend können wir durch ein feines Haarsieb abseihen, dabei die Kräuter auspressen und in attraktive Gläser füllen.

Pflanzenöle eignen sich vor allem zur äußeren Anwendung als Mittel zum Einreiben und als Massageöl, dienen aber auch als Badezusätze und für die natürliche Schönheitspflege. Zur Hautbehandlung eignen sich z. B. Kräuteröle aus Ringelblume, Johanniskraut, Eibisch und Rosmarin; zur Massage solche mit Arnika, Kamille, Lavendel, Rosmarin, Königskerzenblüten, Minzearten oder Melisse. Kräuteröle sind bei richtigem Ansetzen wenige Monate haltbar.

Mit Johanniskraut läßt sich ein rötliches Hautpflegeöl bereiten.

Kräuter
bitten zum Tee

Ungezwungen, immer ist Teezeit, passend zu allen Gelegenheiten, stets zum Wohlbefinden, angenehme Atmosphäre verbreitend und Zeichen kultivierter Lebensart – das ist Teekultur. „Make friends with tea" sagen die Engländer. All dies gilt ebenso für das vielfältige Angebot an Kräutertees, denn in der Bundesrepublik werden diese inzwischen nahezu in gleichem Umfange getrunken wie schwarzer Tee. Gewiß haben das wachsende Gesundheitsbewußtsein und neue Erkenntnisse der Ernährungslehre zu dieser Entwicklung wesentlich beigetragen; aber auch das zunehmende Interesse an Kräutern aus dem eigenen Garten, um nach Belieben schmackhafte Kräutertees und Teegetränke selbst herzustellen, haben diese erfreuliche Tatsache bewirkt.

Wer sich intensiver mit der Kräuteranwendung befaßt, wird sehr schnell feststellen, daß Kräutertees in vielen Variationen und Geschmacksnuancen zubereitet werden können. Eigentlich gibt es kein köstlicheres und bekömmlicheres Getränk als aromatischen Kräutertee zu den Mahlzeiten, zur Linderung von Alltagsbeschwerden oder als Durstlöscher an heißen Tagen.

Kräutertee und Teegetränke

Bei den Kräuterzubereitungen unterscheiden wir den medizinischen Kräutertee, also den Arzneitee, vom Haus- oder Familientee mit vielfältigen Möglichkeiten von Kräutermischungen.

Rechts: Weißdornblüten sind für die Arzneiteebereitung geeignet.

Arzneitee oder medizinischer Kräutertee

Medizinischer Tee wird zur Behandlung bestimmter Krankheiten und für Kuren, in der Regel vom Arzt verordnet, angewandt. Der medizinische Kräutertee soll höchstenfalls aus vier verschiedenen Kräuterarten bestehen, zusammengesetzt aus der Grundheilpflanze und einer weiteren Art, die evtl. Heilwirkungen verstärken kann.

Bei Erkältungen hat sich Kräutertee aus Holunder- oder Lindenblüten bewährt.

Ergänzend dazu können als Füllstoffe, zum Verbessern von Geschmack und Aussehen zwei weitere Kräuterkomponenten Verwendung finden. Bekannte medizinische Kräutertees sind z. B. Bronchialtee mit Thymian und Huflat-

tich, Herzstärkungstee mit Weißdorn, Gallentee mit Wegwarte und Schafgarbe, Tee gegen Magenverstimmung mit Wermut, bei Erkältung Schwarzer Holunder und Linde, zum Gurgeln Echter Salbei und Echte Kamille und zur Nervenberuhigung Baldrian und Melisse. Arzneitee sollten wir begründet in der Apotheke zusammenstellen lassen. Der Fachmann garantiert für die exakte vorgeschriebene Teezusammensetzung und qualitativ hochwertiges Teegut.

Haustee oder Familientee

Für uns bleibt das weite Feld der Kräuterzubereitung als Haustee zum bekömmlichen Genuß und zur Erhaltung der Gesundheit für die ganze Fa-

milie. Es handelt sich im allgemeinen um die bekannten milden Heilmittel Echte Kamille, Minzearten, Zitronenmelisse, Lindenblüten, Himbeer-, Brombeer- und Erdbeerblätter, Schwarze Johannisbeerblätter, Holunderblüten und Hagebutten, Salbei, Fenchel, Rosmarin, Lavendel, Ringelblume, Schafgarbe, Thymian und Weißdorn. Geerntet aus dem eigenen Kräutergarten können wir unseren wohlschmeckenden Haustee individuell zusammenstellen und, auf die besonderen Wünsche der Familie abgestimmt, zubereiten.

Hausteemischungen – eigene Kräuterkompositionen

Besonders beliebt als Haustee sind Kräutermischungen, zusammengestellt nach eigenem Geschmack, mit ganz persönlicher Note. Verwendet wird er als Morgentee, zu den verschiedenen Mahlzeiten tagsüber, warm oder gekühlt und als Schlummertrunk am Abend. Aus der breiten Palette der Teekräuter des Gartens, ergänzt durch Sammelkräuter, mischen wir den Familientee und berücksichtigen besondere Bedürfnisse, z. B. zum Vorbeugen von Erkältungskrankheiten, zur Entspannung, zur besseren Verdauung und zur Unterstützung der Genesung nach Krankheiten. Es ist allerdings

Zitronenmelisse ist eine wichtige Kräuterart für den Familientee.

umständlich und erfordert einige Kenntnisse, jedesmal individuell zu mischen.

Aus Erfahrung wird empfohlen, mit einem Grundtee, etwa 1/3 bis 1/2 der Teemischung, zu beginnen. Dazu können wir Minzearten, wie z. B. Pfeffer- und Apfelminze, Echte Kamille, Fenchel, Thymian, Rosmarin, Zitronenmelisse, Echten Salbei oder Lindenblüten verwenden. Geschmackliche Ergänzungen und farbliche Verbesserungen erreichen wir durch weitere Zusätze, z. B. mit Schwarzen Johannisbeerblättern, Holunderblüten, Apfel-

Thymian wird als Gesundheitstee besonders im Winter geschätzt.

schalen, Hagebutten, Malven, Ringelblumen, Schafgarbe und Johanniskrautblüten.

Durch die Verschiedenheit der Wirkstoffe in den Kräutern (ätherische Öle, Bitter-, Gerb-, Schleimstoffe u. a.) kann durch die richtige Zusammenstellung der Mischungen die Wirksamkeit nicht nur addiert, sondern sogar unter Umständen um ein Vielfaches gesteigert werden. Sinnvoll und zweckmäßig ist es, mehrere Hausteemischungen küchenfertig herzustellen und verständlich zu kennzeichnen. Jetzt braucht man beim Zubereiten nur noch die richtige Dosis zu beachten, und allen Familienmitgliedern kann der Kräuterteeaufguß übertragen werden. Zudem wirkt häufiges Wechseln der Hausteemischungen Eintönigkeit und Überdruß, aber auch Gewöhnung entgegen.

Kalte erfrischende Teegetränke

An heißen Tagen sind kalte Teegetränke ganz vorzügliche Durstlöscher. Als geeignete Kräuter für solche Teegetränke werden z. B. Minzearten, Zitronenmelisse, Brombeerblätter, Fenchel, Hagebutten und Holunderblüten sowie unsere bewährten Hausteemischungen empfohlen. Die bekanntesten Zusätze für die Sommerteegetränke sind Zitrone und andere Fruchtsäfte, auch Mineralwasser.

Nach Aufguß und Abseihen können wir den Tee bereits mit etwas Zucker,

Kalte Teegetränke bieten in der Sommerzeit eine erfrischende Abwechslung.

Honig oder Süßstoff süßen, kalt stellen und vor dem Servieren mit Säften und kleinen Fruchtstücken oder dünnen Scheiben, z. B. von Ananas oder Orangen, sowie Eiswürfeln ergänzen. Mit etwas Geschick und Phantasie lassen sich köstliche Getränke für die durstige Gesellschaft herstellen. Probieren Sie einmal Eistee und Kräuterlimonade nach eigenem Rezept.

Schwarzer Tee aus Kräutern

Die Bezeichnung Tee ist zu einem Sammelbegriff geworden, abgeleitet vom chinesischen Teestrauch, früher *Thea nigra,* der Schwarze Tee. Bereits 2732 v. Chr. soll der chinesische Kaiser Sheng Nung die anregende Wirkung des Tees entdeckt haben. Schriftliche Hinweise über die chinesische Teebereitung gibt es seit 273 n. Chr., die Tee-Einfuhr in europäische Länder erfolgte erst ab dem 17. Jh. In der Folgezeit war die Verbreitung des schwarzen Tees als anregendes Genußmittel in Mitteleuropa beachtlich. Schwarzer Tee, heute auch vielfach aromatisiert im Handel angeboten, mit einem Koffein-(Thein-)Gehalt von 2–4 % ist zwar eine leichte Droge, sollte jedoch in den möglichen Auswirkungen nicht unterschätzt werden; Gewöhnung und Anfang für stärkeren Drogenmißbrauch – besonders bei jungen Menschen – sind nicht auszuschließen. Zu häufiger Genuß soll dem Körper Eisen entziehen. Vielfach wird aber auch echter schwarzer Tee von Kranken schlecht vertragen und bei verschiedenen Leiden, z. B. Schilddrüsenüberfunktionen, sogar ärztlich untersagt. Trotzdem möchte man nicht gerne auf dieses aromatische Teegetränk verzichten. Deshalb wird ersatz-

Blätter der Schwarzen Johannisbeere würzen und ergänzen den Haustee. Aufgrund ihres Gerbstoffgehaltes kann man sie auch für die Herstellung von schwarzem Kräutertee verwenden.

Kräuterarten mit Gerbstoffgehalt in den Blättern, z. B. von Brombeeren, eignen sich für die Herstellung von schwarzem Kräutertee.

weise selbst hergestellter schwarzer Tee aus Kräutern empfohlen. Für schwarzen Kräutertee eignen sich Kräuterarten mit Gerbstoffgehalten, z. B. Brombeer-, Erdbeer-, Himbeer- und Schwarze Johannisbeerblätter. Dunkle Farbe und würziges Aroma werden durch Fermentieren erreicht.

Probieren Sie es einmal aus und entwickeln Sie Ihr eigenes Herstellungsverfahren. Nach dem Sammeln läßt man die Blätter mindestens einen Tag lang anwelken. Dann werden sie vorteilhaft in einen Steinguttopf geschichtet, mit etwas Wasser befeuchtet, das Ganze wird mit einem Teller abgedeckt und einem Stein beschwert. Für den Fermentationsprozeß brauchen wir Wärme. Bei etwa 30 °C ist die Fermentation nach drei Tagen abgeschlossen. Die Blätter sind dann deutlich dunkler gefärbt und riechen würzig nach frischem Tee.

Schließlich folgt das übliche Trocknen. Auf das Rollen der Teeblätter können wir beim schwarzen Kräutertee verzichten. Geschmacklich kommen fermentierte Brombeerblättertees dem echten schwarzen Tee am nächsten. Aber warum sollen Sie nicht auch mit anderen gerbstoffhaltigen Kräutern experimentieren? Auch mit Zitronenmelisse, Pfefferminze oder anderen Kräuterteearten läßt sich ein köstlicher schwarzer Haustee nach eigenem Geschmack mischen.

Warum Kräuter als Tee trinken?

Warum bereiten wir überhaupt Tee aus Pflanzen? Nun, die Wirkstoffe in den Pflanzen lösen sich im allgemeinen vorzüglich in Wasser und werden – als Tee getrunken – rasch aufgenommen und im Körper verteilt. Bekanntlich sind es im Kräutertee ätherische Öle

(z. B. in Kamille und Minzen), Gerb-, Bitter-, Schleim- und Mineralstoffe, die vielfältig den Organismus beeinflussen. Tee und Teegetränke können auch einen Teil des täglichen Flüssigkeitsbedarfs des Menschen abdecken. Die mittlere Wasseraufnahme und -ausscheidung eines Erwachsenen beträgt 1 bis 2,5 Liter pro Tag. Der gesunde Organismus reguliert den Flüssigkeitsbedarf über das Durstgefühl. Die Trinkmenge verteilt man am besten über den ganzen Tag. Kaffee und schwarzer Tee gelten nicht als geeignete Durstlöscher. Sie regen vielmehr die Leistung der Nieren an, es wird mehr Harn abgeschieden und weiteres Durstgefühl erzeugt. Dagegen sind Kräutertee und Teegetränke vortreffliche Durststiller.

Kräutertee richtig zubereiten

Die Zubereitung von Kräutertees ist nicht schwierig, wenn man einige Grundregeln beachtet. Es gilt, die Inhaltsstoffe der Kräuter möglichst behutsam und umfassend mit Hilfe von Aufgüssen, Abkochungen oder Kaltwasserauszügen herauszulösen.

Der **Aufguß**, das gebräuchlichste Verfahren, wird z. B. bei allen Kräuterarten mit ätherischen Ölen angewandt. Dazu gibt man die Kräutermenge in die vorgewärmte Teekanne aus Steingut, Porzellan oder Glas (kein Metall!), überbrüht mit kochendem Wasser und läßt das Ganze bedeckt etwa zehn Minuten durchziehen. Abgeseiht ist

Kräutertee richtig zubereiten
1 Eine Teekanne aus Keramik, Glas oder Porzellan wird mit heißem Wasser ausgespült.
2 Den Kräutertee geben wir in richtiger Dosierung in das Sieb.
3 Dann kochendes Wasser aufgießen und zugedeckt etwa 10 Minuten ziehen lassen. Zum Schluß wird das Sieb mit den Kräutern herausgenommen. Fertig.

dann der Tee fertig zum Servieren. Auch mit heißer Milch sind Kräuterauszüge möglich. Am bekanntesten ist Pfefferminzmilch am Abend als Schlaftrunk.

Um kleinere Teemengen herzustellen, eignen sich dekorative Teetassen aus Porzellan mit Deckel und Siebeinsatz.

Abkochen ist vorwiegend für Rinden-, Holz- und Wurzeldrogen erforderlich, um schwerer lösliche Inhaltsstoffe freizusetzen. Im allgemeinen gibt man zum Abkochen das zerkleinerte Teematerial in Wasser, erhitzt dieses 15 bis 30 Minuten lang bis zum Kochen, läßt danach fünf bis zehn Minuten ziehen

und kann schließlich fertig abseihen.

Kaltauszug wird vor allem für schleimhaltige Teearten, wie z. B. Stockrose, empfohlen. Im Vergleich zum Aufguß verwendet man die doppelte Wassermenge, fügt das gut zerkleinerte Teematerial hinzu und läßt das Ganze sechs bis zwölf Stunden stehen. Häufiges Umrühren während dieser Zeit ist vorteilhaft.

Bei **kombinierter Zubereitung** wird nach dem Kaltauszug mit der Hälfte der Wassermenge die Teemasse noch einmal überbrüht, dann werden beide Teile wieder zusammengegeben.

Kaltauszüge sind auch mit Milch möglich. Dafür können auch frischgepflückte Kräuter, z. B. Pfefferminze und Melisse, direkt Verwendung finden. Kleingehackt in Magermilch gegeben, kann schon nach einigen Stunden der Milchkräutertee abgeseiht und leicht gesüßt serviert werden.

Welche Menge? Alle Kräuter haben bei richtiger Ernte und Aufbereitung bestimmte Wirkstoffkonzentrationen und einen arteigenen Geschmack. Im allgemeinen werden pro Tasse Tee ein bis anderthalb Teelöffel getrocknete Kräuter empfohlen; das ist die Menge, die man zwischen Daumen und Zeigefinger bzw. zwischen Daumen, Zeige- und Mittelfingerspitzen fassen kann.

Auch für den Mischtee, der Blüten, Blätter und Wurzelteile enthält, gilt diese Regel. Ausnahmemengen, z. B. bei der Verwendung von Wermut, werden in Rezepten ausdrücklich genannt. Verwenden wir frische Kräuter direkt aus dem Garten, brauchen wir dreimal soviel an Pflanzenmasse.

Kräutertee süßen? Echte Kräuterliebhaber lehnen süßende Zusätze ab, weil sie die einzelnen Kräuterarten ungeschmälert herausschmecken und die

Aroma-Nuancen genießen wollen. Zweifellos können andererseits dosierte Zugaben von Zucker, Süßstoff oder Alkohol (Rum) manchen Kräutertee süffiger machen. Honig vermag sogar in vielen Fällen die Heileigenschaften der Teekräuter zu verstärken.

Teeatmosphäre und Kräutersymbolik

Soll der Kräutertee schließlich die gewünschte Wirkung erreichen, der Ge-

Kamille – Symbol für Freude, Zufriedenheit und Güte

Salbei steht für Ruhm und Anerkennung.

sundheit dienen und das Wohlbefinden
fördern, muß die Umgebung beim Teetrinken stimmen. Wesentlich ist also
die richtige Atmosphäre, ein liebevoll
gedeckter Tisch, keine Hektik, keine
störenden Geräusche.
Vielleicht können wir von den Tee-
zeremonien des Fernen Ostens, der
Engländer oder der Ostfriesen einiges
lernen. Wir sollen nämlich unseren
Kräutertee nicht „hinunterschütten",

Die Ringelblume symbolisiert Anmut
und Schönheit.

Teetrinken bedeutet sich Zeit nehmen und mit allen Sinnen genießen.

sondern Schluck für Schluck langsam trinken und bewußt mit allen Sinnen genießen. Teefreunde beziehen nicht zuletzt auch die Symbolik der Teekräuter in ihre Betrachtungen ein, denn es ist ein Zeichen der Dankbarkeit, daß die Menschen schon in alter Zeit heilkräftigen Pflanzen Symbolwerte verliehen haben. Sinnbildlich sollte Innerliches, Geistiges geäußert werden. So bedeutete Zitronenmelisse Freundschaft und traumhaftes Glück. Rosmarin ist das Symbol der Liebe zweier Menschen. Echte Kamille steht für

Freude, Zufriedenheit und Güte. Majoran verheißt Erfolg und Segen, Thymian Mut, Tapferkeit, Ritterlichkeit und Gottvertrauen und Salbei Ruhm und Unsterblichkeit. Ringelblumen sollen Anmut und Schönheit bringen. Minzearten verhelfen zu Klugheit und klarem Verstand. Malven sind Sinnbild für Schöngeistiges, Lavendel für Reinheit, Treue und Beharrlichkeit. Pfefferkraut (Bohnenkraut) symbolisiert Sinnlichkeit, Basilikum Initiative, Ideenreichtum, Besitzstreben, Wermut dagegen Selbsterkenntnis, Wirklichkeitssinn und Charakterstärke. Borretsch bringt Fröhlichkeit und Lauterkeit im Denken. Holunder schließlich bedeutet Verehrung, Sinn für Häuslichkeit und Geborgenheit.

Besonders liebenswürdig ist die Empfehlung, unsere Teekräuter nach Symbolgehalten miteinander zu mischen und für jede Gelegenheit ganz persönlich abzustimmen, z. B. mischen Sie Freude und Fröhlichkeit mit Schöngeistigem oder mit Anmut, zusätzlich eine Prise Initiative oder Verehrung. Vielleicht gelingt es, auf diesem Wege neue Freunde zu gewinnen für die Bereitung köstlicher Kräutertees und Teegetränke.

Leckere Rezepte mit Kräutern

Kräuterseminare versprechen dann nachhaltige Erfolge, wenn neben der Vermittlung theoretischen Wissens die Praxis der Anwendung beispielhaft geübt, die eigenen Zubereitungen gegessen und gemeinsam bewertet werden. Lassen Sie sich mit folgenden Beispielen überzeugen.

Echte Frankfurter Grüne Soße – eine Spezialität

Sie besteht aus sieben frisch geernteten Kräutern: Borretsch, Kerbel, Gar-

Vegetarisches Buffet: Alle Gerichte sind mit Kräutern schmackhaft zubereitet.

tenkresse, Petersilie, Pimpinelle, Sauerampfer und Schnittlauch, die in Fertigpackungen bereits in ausgewogenem Verhältnis gemischt sind. Für eine vierköpfige Familie werden etwa 200 g dieser Kräutermischung gewaschen, abgetrocknet und mit Wiege-

Kräuter für die „Grüne Soße", das Nationalgericht der Hessen

102

grünen Kräutern. Dieses wertvolle Gericht wird zu Kartoffeln, kaltem Fleisch oder auch Fisch mit Toast angeboten.

Kräuterbutter als Brotaufstrich

Ungesalzene zimmerwarme Butter oder Pflanzenmargarine geben wir mit den fein geschnittenen Kräutern Basilikum, Dill, Estragon, Kerbel, etwas Liebstöckel, Pimpinelle, Zitronenmelisse und Schnittlauch in eine zuvor mit Knoblauch gut ausgeriebene Schüssel, fügen etwas Zitronensaft hinzu und vermischen intensiv mit einem Mixer.

Petersilientopf
Der Topf wird mit Blumenerde oder einem Gemisch aus Sand, Lehm und Rindenhumus (zu je gleichen Teilen) gefüllt. Auch an den Seiten (Ø 5 cm) wächst Petersilie. In einem solchen Topf können auch andere Kräuterarten wie Majoran, Thymian, Ysop oder Minze kultiviert werden.

Schnittlauch – ein vielseitiges Würzkraut, das durch die Topfkultur auch ganzjährig verfügbar ist.

messer oder Schnittboy zerkleinert. Im Mixaufsatz der Küchenmaschine lassen sich die Kräuter mit etwas saurer Sahne oder Milch cremig schlagen. Hinzugefügt werden, je nach Geschmack, der Saft einer Zitrone oder etwas Obstessig, 125 g Mayonnaise oder zwei Becher Joghurt, evtl. etwas Salz, Pfeffer, Zucker und Senf. Acht hartgekochte Eier legt man, längs halbiert, schließlich in die fertige Soße und garniert das Ganze mit einigen

104

Dann formen wir typische Kräuterbut-
terrollen in Folien und lassen sie im
Kühlschrank erkalten; auch mit Grie-
ben- und Gänseschmalz läßt sich in
ähnlicher Weise vielfältig „kräutern"
und ein schmackhafter Brotaufstrich
herstellen.

Kräuter-Dips

Dips sind auch bei uns zu beliebten
Partygerichten geworden (engl. to dip
= eintauchen, -tunken). Salzstangen
oder Kekse, in Dips „gestippt", werden
zu pikanten Happen.
Für Kräuter-Dips eignen sich viele aromatische Würzkräuter in beliebigen

Milch oder Buttermilch erhält mit Kräutern ein würziges Aroma.

Kräutermilch ist schnell zubereitet,
bekömmlich und gibt neuen Schwung.

Mischungen. Wir nehmen 500 g Quark
und 1/2 Becher Sahne und rühren mit
heißem Wasser eine cremige Masse
an; dann schneiden wir die Kräuter,
z. B. Basilikum, Dill, Knoblauchgrün,
Gartenkresse und Portulak, möglichst
klein, fügen zwei gehäutete, würfelig
geschnittene Tomaten hinzu und
schmecken mit den Grundgewürzen
Paprika und Kräuteressig ab.

Kräutermilch gegen
Konditionsschwäche

In einen Liter kalter Milch oder Butter-
milch geben wir die vorbereiteten
Kräuter (insgesamt vier bis fünf Eßlöf-
fel), Borretsch, Dill, Estragon, Kerbel,
Petersilie, etwas Sellerieblätter und
Tripmadam, mixen durch und füllen in
Bechergläser.

Kräuteröl à la Provence für Salate

Ein Liter Olivenöl wird mit einem Eßlöffel in Scheibchen geschnittenem Knoblauch, einem Eßlöffel Rosmarin, Thymian, Bohnenkraut und Majoran, einem Teelöffel Pfefferkörner und etwas Salz angesetzt. Diese Mischung soll anschließend zehn Tage an einem warmen Standort verbleiben, dann wird gefiltert und in eine dekorative, schöne Flasche abgefüllt. Dieses Kräuteröl kann – je nach verwendetem Öl – bis zu zwei Jahre haltbar sein.

Klassische Gewürzmischungen – Fines herbes und Bouquets garnis

„**Fines herbes**" nennt man die traditionelle französische Küchenkräutermischung aus getrockneten Würzkräutern. Folgende Arten, auch als die sieben Franzosen bezeichnet, werden aufeinander abgestimmt, gemischt und evtl. im Mörser fein zerstoßen: Basilikum, Bohnenkraut, Kerbel, Majoran, Petersilie, Rosmarin und Schnittlauch. Weitere Kräuter können geschickt hinzugefügt werden. Diese vorzügliche Kräutermischung eignet sich für alle Fleischspeisen, feine Salate, Gemüse und Soßen.

„**Bouquets garnis**" sind verschiedene Kräuter gebündelt oder in einem Säckchen (besteht aus drei oder mehr Kräutern), die man vor dem Servieren entfernt. Diese selbst hergestellten

Dost – Bestandteil der „Bouquets garnis"

Kräutermischungen für Fleischgerichte bestehen aus Basilikum, Bohnenkraut, Origano, Majoran, Rosmarin und Salbei.

Zur Zubereitung von Hackfleisch, Hackbraten und Frikadellen sollte man u. a. das Gemisch beimengen, Rindfleisch zum Braten vorher damit einreiben, Steaks nach dem Braten würzen, beim Kochen und Schmoren von Fleisch „Bouquets garnis" während der Zubereitung zugeben. Auch für

Fleischsuppen und -brühen sowie für Eintopfgerichte ist diese Kombination hervorragend geeignet.

„Bouquets garnis" für Suppen sind Mischungen aus Basilikum, Bohnenkraut, Estragon, Majoran, Petersilie und Thymian. Während des Kochvorganges der Suppe, z. B. aus Bohnen, Erbsen, Fisch, Fleisch, Geflügel und Kartoffeln, wird dieses Kräutergemisch beigefügt.

> **Tip:**
>
> Die angegebenen Mischungen können wir zunächst mit ungefähr gleichen Anteilen herstellen. Entspricht das Ergebnis nicht der individuellen Geschmacksrichtung, betont man einzelne Kräuterarten, z. B. Petersilie, stärker oder verringert andere, z. B. Bohnenkraut.

Für die Gewürzmischung werden nach eigenem Rezept die passenden Kräuter im Mörser zerrieben.

Gewürzsalz und Pfefferersatz – selbstgemacht

Estragon, Petersilie, Porree, Salbei und Zwiebel, fein gemahlen, werden mit Kochsalz gemischt. Das Gewürzsalz soll kühl im offenen Behälter aufbewahrt werden. Pfefferersatz enthalten wir durch Mischen von Basilikum und Bohnenkraut zu gleichen Teilen mit Zusatz von Rosmarin – je nach Geschmack.

Gewürzmischung für Pizza, Risotto und Spaghetti

Zu gleichen Teilen werden Origano, Thymian, Rosmarin, Salbei und Basilikum gemischt und im Mörser zerrieben; anschließend wird etwas Pfeffer zugegeben.

Diese typische italienische Kräutermischung eignet sich vorzüglich nicht nur für die Zubereitung von Pizzas, Rissoto und Spaghetti, sondern auch zum Würzen von Hackfleisch und anderen Fleischgerichten.

Gewürze für die eigene Wurstherstellung (Hausschlachtung)

Kochwurst: Majoran, Thymian;
Dauerwurst: Knoblauch, Senfkörner, Zwiebel;

Leberwurst: Basilikum, Bohnenkraut, Majoran, gedünstete Zwiebel;
Fleischwurst: Senfkörner, etwas Salbei und Kümmel;
Blutwurst: Majoran, Thymian, Zwiebel; zum Einpökeln zusätzlich Rosmarin verwenden.

Gewürze für Fladenbrot, Kräuterbrötchen und Kräuterpizza

Fenchel, Koriander, Kümmel, Lein- und Mohnsamen, Rosmarin, Thymian: für Backwaren ferner Anis und Waldmeister.

Jede Wurst bekommt erst durch die richtige Kräuterwürze ihren typischen Geschmack.

Welches Gewürz zu welchem Gericht?

Braten: Basilikum, Beifuß, Bohnenkraut, Estragon, Liebstöckel, Majoran, Paprika, Petersilie, Salbei und Thymian

Geflügel: Basilikum, Beifuß, Bohnenkraut, Dill, Liebstöckel, Majoran, Rosmarin, Thymian

Fisch: Basilikum, Bohnenkraut, Dill, Liebstöckel, Meerrettich, Petersilie, Rosmarin, Salbei, Sellerie, Senf (gemahlen), Zwiebel

Wild: Basilikum, Bohnenkraut, Koriander, Liebstöckel, Majoran, Rosmarin, Thymian

Gemüse: Anis, Basilikum, Bohnenkraut, Borretsch, Estragon, Kerbel, Koriander, Liebstöckel, Majoran, Melisse, Petersilie, Salbei, Sauerampfer, Schnittlauch, Weinraute (nur sparsam) und Zwiebelarten

Rohkost: Anis, Basilikum, Borretsch, Dill, Estragon, Knoblauch, Liebstöckel, Meerrettich, Melisse, Petersilie, Pimpinelle, Sauerampfer, Schnittlauch, Tripmadam, Zwiebelarten

Salate: Basilikum, Bohnenkraut, Borretsch, Dill, Estragon, Fenchelkraut, Melisse, Petersilie, Pimpinelle, Sauerampfer, Schnittlauch, Thymian, Tripmadam, Zwiebelarten

Soßen: Basilikum, Bohnenkraut, Dill, Liebstöckel, Majoran, Melisse, Origano, Pfefferminze

Suppen: Basilikum, Bohnenkraut, Dill, Kerbel, Lauch, Liebstöckel, Paprika, Petersilie, Portulak, Sauerampfer, Sellerie

Der Kümmel ist ein unverzichtbares Würzmittel für Wurst und Brot.

Liebstöckel würzt Suppen, Soßen und Kartoffelgerichte.

Pflanzenporträts
von A bis Z

Was wir über Kräuter wissen sollten

Unter Kräutern versteht man im botanischen Sinne kurzlebige, nicht verholzende Gewächse. In der Phytotherapie und Würzkunst dagegen hat sich der Begriff „Kräuter" für alle heilkräftigen und würzenden Pflanzenarten eingebürgert.

Je nach ihrer Lebensdauer unterteilen wir die Heil- und Würzpflanzen in ein-, zwei- und mehrjährige Gewächse. Bei den Würzpflanzen kommen als Sondergruppe die zwiebel- und lauchartigen Pflanzen hinzu.

Einjährige

Bei den einjährigen Kräutern, wie z. B. Dill und Kerbel, erleben wir Keimung, Blüte und Samenreife innerhalb einer

Dill zählt zu den einjährigen Kräutern.

Vegetationsperiode. Spätestens bei Frosteintritt stirbt die gesamte Pflanze ab. Ihr Fortbestand wird durch reichen Samenansatz gewährleistet.

Zweijährige
Die zweijährigen Arten, wie z. B. Petersilie und Löffelkraut, bringen im ersten Entwicklungsjahr Blätter und Triebe, dann überwintern die Pflanzen und bilden erst im Folgejahr Blüten und Samen aus.

Mehrjährige
Bei den mehrjährigen Pflanzenarten dagegen kann das Blühen und Fruchten sofort oder später, oft erst nach einigen Jahren, einsetzen, wiederholt sich dann aber jedes Jahr aufs neue. Zur Gruppe der Mehrjährigen zählen Stauden, Halbsträucher, Sträucher und Bäume.

Stauden sind krautartige Pflanzen, deren oberirdische weiche Teile im Herbst verdorren und bis auf die ausdauernden Wurzeln, Rhizome, Knollen oder Zwiebeln absterben. Die Überwinterungsknospen der Stauden, die ein Überleben und das erneute Austreiben im Frühjahr ermöglichen, sitzen meistens an oder direkt über der Erdoberfläche, seltener tiefer im Boden. Besonders erwähnt werden solche Stauden, die ihre grünen Blattorgane auch im Winter nicht verlieren. Es handelt sich im allgemeinen um polster- oder horstbildende Arten.

Halbsträucher, z. B. Ysop, sterben im Winter bis zu den frostwiderstandsfähigen verholzten Teilen ab.

Das Löffelkraut, eine zweijährige Art, entwickelt erst im zweiten Jahr Blüten und Samen.

Die eigentlichen Gehölze, Sträucher und Bäume, verlieren zum Herbst meist ihre Blätter und überstehen die Kältezeit, da sie verholzt sind.

Geschützte Pflanzen – schützenswerte Pflanzen

Zum Schutze der Vielfalt, Schönheit und Eigenart von Natur und Landschaft haben die Bundesländer Naturschutzgesetze und Verordnungen erlassen, die das Sammeln bestimmter Pflanzen untersagen. Wer also zur Er-

Die Echte Schlüsselblume gehört zu den geschützten Pflanzen und darf nicht aus der Natur gesammelt werden.

gänzung seiner Heil- und Würzkräuter des Gartens Pflanzen der freien Natur sammeln will, muß sich vorher vergewissern, ob diese nicht unter Naturschutz stehen oder der Bestand dadurch nicht beeinträchtigt wird. In ausgewiesenen Naturschutzgebieten ist auch das Sammeln von nicht geschützten Pflanzen verboten. Zudem wurden sogenannte Rote Listen der gefährdeten Pflanzenarten nach mehreren Gefährdungsstufen, nämlich ausgerottet – vom Aussterben bedroht – stark gefährdet – gefährdet, zusammengestellt und veröffentlicht. Der Natur- und Pflanzenfreund wird sicherlich auch diese Schutzbemühungen

berücksichtigen. Dabei hat er die Möglichkeit, ersatzweise andere ähnlich wirksame, nicht geschützte Kräuter zu sammeln oder auch geschützte seltene Arten, die man aus Staudengärtnereien beziehen kann, im eigenen Garten anzusiedeln.

Kräutergärten, Kräuterwiesen und Kräuterbiotope können auf solche Weise zu bemerkenswerten Rückzugsgebieten und Enklaven existenzgefährdeter Pflanzenarten werden.

Küchenkräuter von A bis Z

Nachfolgend werden Hinweise zur Naturheilkunde gegeben.

In kleinen Mengen verwendet, wie als Gewürz üblich, sind die Kräuter unschädlich. Auch als Salat zubereitet sind manche sehr schmackhaft und zu empfehlen, das eine oder andere Kraut sollte man aber nicht über längere Zeit in größeren Mengen verzehren (u. a. Kapuzinerkresse oder Großer Sauerampfer). Mit einigen lassen sich leichtere Gesundheitsstörungen positiv beeinflussen, sofern diese eindeutig als solche erkannt sind. Bei stärkeren oder länger anhaltenden Beschwerden sollte man ohnehin einen Arzt aufsuchen.

Viele Küchenkräuter wachsen nicht nur im Garten, sondern stehen uns als Topfkultur auch das ganze Jahr über zur Verfügung.

114

Einjährige Würzkräuter

Anis
Pimpinella anisum
<u>Allgemeines:</u> Doldenblütler; bis 0,80 m.
<u>Merkmale:</u> Samendroge; weiß blühend im Juli/August; ganze Pflanze riecht süß-würzig, typisch nach Anis.

Basilikum *(Ocimum basilicum)*

Anis *(Pimpinella anisum)* – Blüte

Basilikum
Ocimum basilicum
<u>Allgemeines:</u> Lippenblütler; bis 0,60 m.

<u>Kultur:</u> Sonnige, warme Standorte; durchlässige Böden; Aussaat ab April in Reihen mit 0,30 m Abständen, Keimzeit drei bis vier Wochen.
<u>Verwendung:</u> Junges Kraut; Samen.
<u>Küchenpraxis:</u> Kraut für Gemüse, Salate, Soßen, Quark, Samen für Backwaren, Kompott.
<u>Naturheilkunde:</u> Appetitanregend, verdauungsfördernd, blähungstreibend, krampflösend, schleimlösend bei Husten.

Basilikum – rotblättrige Form

116

Merkmale: Zu unterscheiden sind groß- und kleinblättriger Basilikum, Zitronenbasilikum sowie gekrauste und rotblättrige Formen. Kraut duftet intensiv würzig. Ausdauernde Strauch-Basiliken, z. B. Kubanisches oder Griechisches Strauch-Basilikum, blühen selten, können nur geschützt überwintern, Stecklingsvermehrung.
Kultur: Besonders wärmebedürftig; warme, humose Böden; im Sommer reichlich gießen; Aussaat erst ab Mai, Lichtkeimer (!), satzweise nachsäen.
Verwendung: Blätter und junge Triebe – frisch, trocknen, frosten.
Küchenpraxis: Fleisch, Fisch, Gemüse, Salate; nicht mitkochen!
Naturheilkunde: Appetit- und verdauungsanregend, wassertreibend.

Bohnenkraut, Sommer-
Satureja hortensis
Allgemeines: Lippenblütler; bis 0,40 m.
Merkmale: Kraut riecht stark würzig und schmeckt beißend pfeffrig; Blüte Juli bis Oktober in Weiß, Rosa oder Lila.
Kultur: Am besten leichte Böden und warme Standorte; verträgt im Sommer auch Trockenperioden; Aussaat ab April mit Folienschutz, ab Mai ins Freiland mit mehreren Anbausätzen, Lichtkeimer!
Verwendung: Kraut geschnitten – frisch, trocknen, frosten.
Küchenpraxis: Fleisch, Wild, Wurst, Hülsenfrüchte, Pfefferersatz. Sparsam dosieren.
Naturheilkunde: Verdauungsfördernd, verhindert Blähungen.

Sommer-Bohnenkraut *(Satureja hortensis)*

Borretsch
Borago officinalis
Allgemeines: Rauhblattgewächse; 0,50–0,80 m.
Merkmale: Saftige Stengel; borstenhaarige Blätter; leuchtend blaue Blüten ab Juni. Ausdauernder Borretsch *(B. laxiflora)* ist nur durch strengere Fröste gefährdet; auch für Topfkultur geeignet.
Kultur: Liebt nährstoffreiche, kalkhaltige Böden; braucht viel Platz; Aussaat ab April; selbstvermehrend.
Verwendung: Kraut, Blätter, Blüten – frisch.
Küchenpraxis: Kraut und Blätter für Salate, „Grüne Soße", Fisch, Eier, Kartoffeln, Quark, Pilze, Säfte, Apfelwein, Bier; Blüten eßbar, zur Dekoration.

117

Borretsch *(Borago officinalis)*

Brunnenkresse *(Nasturtium officinale)*

<u>Naturheilkunde:</u> Blutreinigend, harn- und schweißtreibend, stimmungsanregend.

Brunnenkresse
Nasturtium officinale
<u>Allgemeines:</u> Kreuzblütler; 0,20–0,80 m.
<u>Merkmale:</u> Bis 0,80 m lange hohle Triebe, teilweise aus dem Wasser ragend; weiße Blütentrauben von Mai bis September; vitaminreiches Kraut. Brunnenkresse ist eigentlich eine mehrjährige Art, wird aber einjährig kultiviert.
<u>Kultur:</u> Flache Bäche, feuchte Böden, unter Folie; Schlammbecken; Aussaat

Brunnenkresse läßt sich in Schlammbecken im eigenen Garten kultivieren.

118

in Kistchen im Juni, Pflanzung im August; Ernte Oktober bis Mai.
Verwendung: 10 cm lange Triebe – frisch.
Küchenpraxis: Salate, Preßsaft.
Naturheilkunde: Blutreinigend, stoffwechselanregend, wassertreibend, gegen Hautleiden und Rheuma.

Dill
Anethum graveolens
Allgemeines: Doldenblütler;   bis 1,20 m.
Merkmale: Intensiver Duft und Eigengeschmack; Samen schmecken kümmelartig.

Dill *(Anethum graveolens)*

Kultur: Warme Standorte; Aussaat ab April unter Folie mit mehreren Folgesätzen; Blüte ab Juli.
Verwendung: Kraut – frisch, trocknen, frosten; Samen.
Küchenpraxis: Kraut für Salate, Gemüse, Suppen, Soßen, Rohkost, Gurkengewürz, Tomaten, Fisch, Fleisch. Samen werden wie Kümmel verwendet.
Naturheilkunde: Appetitanregend, verdauungsfördernd, krampflösend, nervenberuhigend.

Gartenkresse *(Lepidium sativum)*

Gartenkresse
Lepidium sativum
Allgemeines: Kreuzblütler; bis 0,50 m.
Merkmale: Schnellwüchsig, rettichartiger Geschmack; Ausdauernde Gartenkresse *(L. latifolium)*, winterhart; meerrettichartiger Geschmack
Kultur: Bescheiden an Klima und Boden; gleichmäßige Feuchtigkeit; Direktsaat ab März, geschützter Anbau ganzjährig; Folgesätze nach drei bis vier Wochen, Lichtkeimer; schlechte Vorfrucht. Aussaat auch im Zimmer in

119

Kapuzinerkresse *(Tropaeolum majus)*

Schalen; Kulturzeit drei bis vier Wochen.
Verwendung: Kraut – frisch.
Küchenpraxis: Salate, „Grüne Soße", Quark, Eierspeisen, Kartoffeln, Rohkost, Brotbelag.
Naturheilkunde: Appetitanregend, verdauungsfördernd, blutreinigend, harntreibend.

Kapuzinerkresse
Tropaeolum majus
Allgemeines: Kapuzinerkressengewächse; bis 0,30 m.
Merkmale: Reichblühende, kriechende Würzpflanze; würziger Geschmack, wie Gartenkresse; Blütezeit ab Juni.

Kultur: Sonniger Standort; Bodenansprüche bescheiden; frostempfindlich; Aussaat ab Ende April oder Vorkultur ab Anfang April, Auspflanzen nach den Eisheiligen.
Verwendung: Blätter, Blüten, Knospen – frisch.
Küchenpraxis: Kraut für Salate, Rohkost, Brotbelag (wie andere Kressearten); Knospen als Kapernersatz, Blüten zum Dekorieren.
Naturheilkunde: Appetitanregend, verdauungsfördernd, antibiotisch, nur sparsam verwenden!

Kerbel
Anthriscus cerefolium
Allgemeines: Doldenblütler; bis 0,80 m.
Merkmale: Schnellwachsendes, stark

Kerbel *(Anthriscus cerefolium)*

aromatisches, süßlich-anisartig schmeckendes Würzkraut mit weißen Blüten.
Kultur: Ansprüche bescheiden, jedoch genügend Bodenfeuchte, sonst frühe Blüte; nicht kälteempfindlich; Direktsaat, nicht verpflanzen; Aussaat ab März mit Folgesätzen; sät sich im Garten auch selbst aus; nach sechs Wochen erntereif.
Verwendung: Kraut (junge Triebe), Blätter – frisch, frosten.
Küchenpraxis: Frühlings- und Kräutersuppen, „Grüne Soße", Salate, Tomaten, Rohkost, „Fines herbes", Kräuterbutter, Käse; nicht mitkochen!
Naturheilkunde: Appetitanregend,

blutreinigend, stoffwechselfördernd, harntreibend.

Koriander
Coriandrum sativum
Allgemeines: Doldenblütler; bis 0,70 m.
Merkmale: Samengewürz; Blätter fein gefiedert, unangenehm riechend (Wanzenkraut); weißrosa Blüten im Juni/Juli.

Koriander *(Coriandrum sativum)*

Kultur: Sonnige, warme Standorte sowie warme, durchlässige, humushaltige Böden bevorzugt; Aussaat ab April, Dunkelkeimer.
Verwendung: Samen; ernten vor der Vollreife, frühmorgens, wenn noch tau-

121

Koriandersamen eignen sich als Back-
gewürz, z. B. für Printen und Lebkuchen.

Lein *(Linum usitatissimum)* – Blüte

frisch; junges Kraut in Rußland als
Gemüse empfohlen.
Küchenpraxis: Samen wohlriechend,
Back- und Einmachgewürz, zu Wild,
Wurst, Gulasch, Soßen, Rohkost, Ro-
ter Bete; junges Kraut für Gemüse.
Naturheilkunde: Appetitanregend, ver-
dauungsfördernd, krampflösend, lin-
dernd bei Magen- und Darmleiden.

Lein
Linum usitatissimum
Allgemeines: Leingewächse; bis
1,50 m.
Merkmale: Aufrecht wachsend mit hohen dünnen Stengeln; prächtig blau
blühend im Juli/August; kugelförmige,
erbsengroße Samenkapseln.
Kultur: Günstige sonnige Lagen, die
frühste Aussaat ermöglichen; keine
sauren Böden, mindestens pH-Wert 6;
ab März direkt ins Freiland in Reihen.

Lein – Samen

Verwendung: Samen – trocknen,
schroten, Leinöl.
Küchenpraxis: Samen unzerkleinert
oder geschrotet essen, zu Backwaren.
Naturheilkunde: Durch Schleimbil-
dung reizfreies Abführmittel, immer in

Verbindung mit reichlicher Flüssig-keitszufuhr anzuwenden; zerkleinerten Leinsamen frisch verbrauchen, da das Öl schnell ranzig wird. Breiumschläge bei Hautkrankheiten, Rheuma.

Majoran
Origanum majorana
Allgemeines: Lippenblütler; bis 0,50 m.
Merkmale: Eiförmige Blättchen an stark verästelten Stengeln; kleine weiße oder rosarote Blüten von Juli bis Oktober; angenehmes würziges Aroma. Winterfester Majoran (*O. x majoricum*) bei zeitiger Pflanzung bis -20°C winterhart.

Majoran *(Origanum majorana)*

Kultur: Sonnige Standorte; Aussaat ab Mai in Reihen, später vereinzeln.
Verwendung: Kraut, kurz vor der Blüte; drei Schnitte sind möglich; getrocknet durch ein grobes Sieb treiben, um Blätter und Blütenanlagen von den Stengeln abzurebeln.
Küchenpraxis: Frisches Kraut oder gerebelten Majoran zu deftigen Gerichten; zu Kartoffeln, Fleisch, Wurst, Eintopf, Tomaten, Quark.
Naturheilkunde: Appetitanregend, bei Verdauungsbeschwerden mit Blähungen und Krämpfen. Nervenberuhigend, bei Schnupfen; muskelentspannender Badezusatz.

Paprika
Capsicum annuum
Allgemeines: Nachtschattengewächse; bis 0,60 m.

Paprika ist eine beliebte Gemüse- und Würzpflanze mit hohem Vitamin C-Gehalt.

123

Paprika *(Capsicum annuum)*

Merkmale: Gemüse- und Würzpflanze; Früchte grün, gelb, orange oder rot; hoher Gehalt an Vitaminen C und A.
Kultur: Viel Wärme; nährstoffreiche Böden mit ausreichender Feuchtigkeit; ab März für Vorkultur aussäen, auspflanzen nach dem 20. Mai an geschützter Stelle, auch unter Glas und Folie.
Verwendung: Frische Paprika.
Küchenpraxis: Gemüse und Fleisch, Gulasch, Suppen, pikante Soßen, Quark, Wurst.
Naturheilkunde: Appetitanregend, verdauungsfördernd.

Portulak
Portulaca oleracea
Allgemeines: Portulakgewächse; bis 0,30 m.
Merkmale: Niederliegende Pflanze mit fleischigen Blättern, gelben Blüten.
Kultur: Warme Standorte; durchlässige Böden; mehrere Folgesaaten ab Mai; die sehr feinen Samen nicht mit Erde bedecken, nur anbrausen; nach vier Wochen erntereif.
Verwendung: Junge Triebe, Blätter – frisch, frosten.
Küchenpraxis: Salate, Rohkost, Gemüse, Tomaten, Gurken, Quark, Suppen, Soßen.
Naturheilkunde: Blutreinigend, verdauungsfördernd, harntreibend.

124

Portulak *(Portulaca oleracea)*

Rauke, Rukula
Eruca sativa
Allgemeines: Kreuzblütler; bis 0,50 m.
Merkmale: Schnellwüchsig; aus Blattrosette leierförmig-fiederschnittige
Blätter; Blüten hellgelb und violett ge-
ädert, ab Juni. Wilde Rukula wächst
langsamer, ist aber länger erntbar.
Kultur: Ab Februar im Gewächshaus
und Frühbeet, ab April in Folgesaaten
im Freien, im Winter in Schalen und Ki-
sten als Zimmerkultur.
Verwendung: Kraut – frisch.
Küchenpraxis: Gewürz mit hohem Vitamin C-Gehalt, für pikante Salate mit

Schafskäse, Pizza, Quark, Brotbelag.
Naturheilkunde: Stimulierendes Mittel
bei Frühjahrskuren („Blutreinigung“).

Rauke *(Eruca sativa)*

Senf, Weißer
Sinapis alba
Allgemeines: Kreuzblütler; auch be-
kannt unter dem Namen Gelbsenf; bis
1,20 m.
Merkmale: Schnellwüchsig; rauhbe-
haarte Blätter; gelbe Blüten ab Juni.
Chinesischer Senf (*Brassica juncea
crispifolia*), Kultur wie Weißer Senf.
Kultur: Geringe Ansprüche; Trocken-
heit führt zu früher Blüte; Aussaat ab
März in Folgesätzen.
Verwendung: Junge Triebe – frisch;
Samen.
Küchenpraxis: Junge Triebe wie Kres-
se verwenden zu Salaten, Rohkost; Sa-
men zu Roter Bete, eigener Senfher-
stellung.
Naturheilkunde: Appetitanregend, verdauungsfördernd; wirkt antibakteriell.

Weißer Senf *(Sinapis alba)*

Barbarakraut *(Barbarea vulgaris)*

Zweijährige Würzkräuter

Barbarakraut
Barbarea vulgaris
Allgemeines: Kreuzblütler; 0,30–0,60 m.
Merkmale: Im ersten Jahr rosettenbildend mit satten, dicken gefiederten Blättern, im zweiten Jahr bereits ab April Blütenstiele.
Kultur: Liebt feuchte, lehmhaltige Böden; auch auf halbschattigen Standorten; die Aussaat von *Barbarea vulgaris* ist im Frühjahr oder auch im Herbst möglich.

Verwendung: Kraut, Blätter (Winterwürzkraut) – frisch.
Küchenpraxis: Durch kresseartigen Geschmack für pikante Salate, auch gedünstet.
Naturheilkunde: Appetitanregend, blutreinigend, harntreibend, wundheilend.

Engelwurz, Echte
Angelica archangelica
Allgemeines: Doldenblütler; bis 2,50 m.
Merkmale: Hohle, kräftige Stengel mit hellgrünen, mehrfach gefiederten

126

Echte Engelwurz *(Angelica archangelica)*

Eiskraut *(Mesembryanthemum crystallinum)*

Blättern und aufgeblasenen Blattscheiden; grünlich-weiße Blüten im Juli/August, duften nach Honig; Pflanze riecht kräftig würzig; stirbt nach der Blüte ab.

<u>Kultur:</u> Braucht nahrhafte Böden; feuchte, auch halbschattige Lagen; genügend Standraum. Aussaat direkt ins Freie im August/September.

<u>Verwendung:</u> Blätter, Blattstiele, Wurzel – frisch.

<u>Küchenpraxis:</u> Frische Blätter und Blattstiele zum Würzen von Soßen, Suppen und Salaten; Wurzeln zu Kräuterwein, Wurzelernte im Spätherbst.

<u>Naturheilkunde:</u> Appetitanregend, verdauungsfördernd, krampflösend, nervenberuhigend, in der Rekonvaleszenz.

Eiskraut

Mesembryanthemum crystallinum

<u>Allgemeines:</u> Mittagsblumengewächse; kriechend.

<u>Merkmale:</u> Stark verzweigte, fleischige Triebe; weiße bis rosa, gefüllte margeritenähnliche Blüte, die sich nur zur Mittagszeit öffnet.

<u>Kultur:</u> Warme Standorte; am besten Gartenböden; Direktaussaat im Früh-

schutz bei extremen Standorten. Kreuzkümmel *(Cuminum cyminum)* im Anbau noch selten, mit ähnlichen Ansprüchen.
<u>Verwendung:</u> Ab Juni/Juli im zweiten Jahr als Samen; Blätter auch schon im ersten Jahr.

Eiskraut, aber auch Lavendel, Minze, Melisse, Rosmarin oder Ysop kann man gut durch Stecklinge vermehren.

jahr oder Stecklingsvermehrung; Winterschutz erforderlich.
<u>Verwendung:</u> Triebspitzen und Blätter – frisch.
<u>Küchenpraxis:</u> Salate.
<u>Naturheilkunde:</u> Blutreinigend, appetitanregend.

Kümmel *(Carum carvi)*

Kümmel
Carum carvi
<u>Allgemeines:</u> Doldenblütler; bis 1,00 m.
<u>Merkmale:</u> Im ersten Jahr Bildung möhrenartiger Wurzeln und Blattrosette; Blätter zart gefiedert; Blütenbildung von Mai bis Juni des zweiten Jahres.
<u>Kultur:</u> Tiefgründige, feuchte, kalkhaltige Böden sind vorteilhaft, auch feuchtes Klima; Kümmel verträgt sich schlecht mit Fenchel als Nachbarn; Aussaat im Spätsommer; Winter-

<u>Küchenpraxis:</u> Samen zu Kohl, Sauerkraut, Eintopf, Salaten, Suppen, Fleisch, Wurst, Quark, Käse, Backwaren; Kreuzkümmel ist aromatischer, leicht scharf.
<u>Naturheilkunde:</u> Gegen Blähungen und Appetitlosigkeit, krampflösend, verdauungsanregend.

Löffelkraut
Cochlearia officinalis
<u>Allgemeines:</u> Kreuzblütler; bis 0,30 m.

Löffelkraut *(Cochlearia officinalis)*

Petersilie *(Petroselinum crispum)* mit glatten Blättern

Merkmale: Untere Blätter löffelförmig; ab Mai des zweiten Jahres weiße, duftende Blüten; Blätter schmecken sehr stark kresseartig, auch etwas salzig-bitter.

Kultur: Braucht genügend Bodenfeuchte, sonst bescheiden; Aussaat März/April oder August/September.

Verwendung: Blätter (Winterwürzkraut) – frisch.

Küchenpraxis: Salate, Kartoffeln, Brotbelag; scharfen Geschmack durch Schnittlauch mildern.

Naturheilkunde: Stoffwechselanregend, verdauungsfördernd, geeignet für die Frühjahrskur.

Petersilie
Petroselinum crispum
Allgemeines: Doldengewächse; 0,30–0,90 m.
Merkmale: Wichtigstes Würzkraut; mit

glatten oder gekrausten Blättern, möhrenähnlichen Wurzeln und Blattrosette im ersten Jahr; Blattduft herb würzig; grünlich-gelbe Blüten ab Juni/Juli des zweiten Jahres.

Petersilie mit gekrausten Blättern

129

Kultur: Dankbar für humose, nähr-stoffreiche Böden; genügend feuchte, evtl. noch halbschattige Lagen; keinen frischen Stallmist geben; Aussaat ab März in Reihen mit Radieschen als Markiersaat wegen langsamer Kei-mung; Winterschutz mit Fichtenreisig, Folien oder Vliesen, um Ernte zu ver-längern.

Verwendung: Blätter von außen weg-nehmen, ohne Herzstück zu verletzen – frisch, trocknen, frosten, einsalzen.

Küchenpraxis: Salate, Suppen, Soßen, Eintopf, Kartoffeln, Fleisch, Gemüse, „Grüne Soße", „Fines herbes".

Naturheilkunde: Appetitanregend, verdauungsfördernd, harntreibend, blutreinigend.

Mehrjährige Würzkräuter

Beifuß

Artemisia vulgaris

Allgemeines: Korbblütler; bis 1,50 m.

Merkmale: Heimische Kräuterart an Wegrändern und in Geröllhalden; kräf-tige, verzweigte Stengel; Blätter ein- bis zweifach fiederteilig; Blütenköpfe in länglichen Rispen; Blüte ab August.

Kultur: Anspruchslos an Standort und Klima, braucht viel Standraum; Ver-mehrung durch Teilen.

Verwendung: Blütenrispen kurz vor der Blüte ernten, in Büscheln ohne Blätter trocknen; junge Blätter – frisch, frosten.

Küchenpraxis: Braten, Gänse- und Hammelfleisch, Fisch, Pilze, Gemüse; volle Würzkraft durch Mitkochen.

Naturheilkunde: Gegen Verdauungs-beschwerden und Appetitlosigkeit.

Beifuß *(Artemisia vulgaris)*

Bohnenkraut, Berg-

Satureja montana

Allgemeines: Lippenblütler; bis 0,50 m.

Merkmale: Ähnelt in Aroma und In-haltsstoffen dem einjährigen Sommer-Bohnenkraut, siehe Seite 117; Blüten in Weiß, Rosa und Violett von Juli bis September. Zitronen-Bohnenkraut (*S. montana citriodora*) mit später Blü-te und salzigem Zitronenaroma.

Kultur: Anspruchslos; auch für Stein-gärten; Vermehrung durch Teilung oder Aussaat, Lichtkeimer; braucht in rauhen Gegenden Winterschutz.

130

Berg-Bohnenkraut *(Satureja montana)*

Echter Dost, Origano *(Origanum vulgare)*

Verwendung, Küchenpraxis und Naturheilkunde: Wie einjähriges Sommer-Bohnenkraut (siehe Seite 117).

Dost, Echter; Origano
Origanum vulgare
Allgemeines: Lippenblütler;   0,30–0,50 m.
Merkmale: Rötliche, vierkantige Stengel mit zum Teil fein behaarten, unterseits drüsig punktierten, eiförmigen Blättchen; rosa oder weiße Blüten von Juli bis September; sehr würziges, etwas pfefferartiges Aroma; attraktive Steingartenpflanze.

Viele Feinschmecker lieben Pizza – vielleicht gerade wegen der typisch italienischen Würzkräutermischung.

131

Kultur: Warme, trockene Lagen, sonst anspruchslos; im Frühjahr bis zum Boden zurückschneiden; Vermehrung durch Teilung und Wurzelausläufer.
Verwendung: Junge Triebe, Blätter – frisch, trocknen.
Küchenpraxis: Blätter und junge Triebe zum Würzen von Tomaten, Fleisch, Käse, Suppen, Gemüse und Pizza; beste Würzkraft zur Blütezeit.
Naturheilkunde: Magenstärkend, appetitanregend, verdauungsfördernd, krampflösend bei Husten.

Estragon
Artemisia dracunculus
Allgemeines: Korbblütler; 0,60– 1,50 m.
Merkmale: Verlangen Sie beim Kauf ausdrücklich Deutschen, keinen Russischen Estragon, damit Sie von Geschmack und Aroma nicht enttäuscht werden. Blätter schmallänglich, spitz und etwas glänzend; ab Juni unscheinbare, gelbgrüne Blütenköpfchen; Ausläufer bildend.
Kultur: Deutscher Estragon ist anspruchsvoller als Russischer, liebt warme Lagen und genügend Feuchtigkeit; nur durch Ausläufer oder Stecklinge zu vermehren; Winterschutz (!). Russischer Estragon ist durch Aussaat im zeitigen Frühjahr vermehrbar, während Deutscher Estragon nur selten zur Blüte gelangt.
Verwendung: Junge Triebspitzen, Blätter – frisch, trocknen, frosten.
Küchenpraxis: Suppen, Soßen, Salate, Geflügel, Sauerbraten, Quark, Kräuterbutter, -essig, -wein, Einmachgewürz;

Estragon *(Artemisia dracunculus)*

bei Kochgerichten mitkochen.
Naturheilkunde: Verdauungs- und gallenflußfördernd, harntreibend.

Fenchel, Garten-
Foeniculum vulgare
Allgemeines: Doldenblütler; 0,80– 2,00 m.
Merkmale: Lange, rübenförmige Wurzeln, gerillte, markante Stengel; Blätter fein gefiedert; gelbe, kleine Blüten in Dolden von Juli bis Oktober; süßlich, würziger, typischer Fenchelduft.
Kultur: Warme vollsonnige Standorte; nährstoffreiche kalkhaltige Böden, Winterschutz (!); Aussaat ab Ende März; Knollenfenchel als Gemüse wird

Garten-Fenchel *(Foeniculum vulgare)*

nur einjährig kultiviert.
Verwendung: Junge Blätter – frisch;
Samen – trocknen.
Küchenpraxis: Junge Blätter zu Fisch,
Salaten, Soßen; Samen zu Backwaren
und Tee.
Naturheilkunde: Auswurffördernd und
schleimlösend bei Husten, krampflö-
send, lindert Blähungen; bei Bauch-
weh-Beschwerden der Kinder.

Lavendel, Echter
Lavandula angustifolia
Allgemeines: Lippenblütler; 0,30 –
0,60 m.
Merkmale: Halbstrauch mit schmalen,
länglichen Blättern, silbergraugrün; ab
Juli an langen Stielen blaue, duftende
Blüten in Quirlen. Speick-Lavendel (*L.
latifolia*) mit breiten silbrigen Blättern,
sehr aromatisch.
Kultur: Trockene, kalkhaltige Böden;
sonnige Standorte. Vermehrung durch
Aussaat (Vorkultur ab März) und
Stecklinge. Auch als buschige und
hochstämmige Kübelpflanze geeignet.
Verwendung: Junge Triebe – frisch.
Blüten in Sträußen trocknen für Duft-
zwecke, als Badezusatz.
Küchenpraxis: Junge Blattspitzen zum
Würzen von Soßen, Eintopf und Fisch
(mitkochen!); getrocknete Blüten für
Tee und Kräutergeist.

Echter Lavendel *(Lavandula angustifolia)*

133

Naturheilkunde: Nervenberuhigend, schlaffördernd, blähungstreibend, den Gallenfluß anregend. Lavendelgeist zum Einreiben bei Rheuma.

Liebstöckel
Levisticum officinale
Allgemeines: Doldenblütler; bis 1,50 m.
Merkmale: Verzweigte Wurzelstöcke treiben hohle Stengel mit Fiederblättern, die stark nach „Maggiwürze" schmecken.

Küchenpraxis: Suppen, Eintopf, Soßen, Fleischspeisen; Wurzeln sind aromatisch, mitkochen!
Naturheilkunde: Verdauungsfördernd, blähungs- und harntreibend; nicht bei Nierenerkrankungen oder Schwangerschaft anwenden!

Meerrettich
Armoracia rusticana
Allgemeines: Kreuzblütler; 1,20 m.
Merkmale: Bis zu 80 cm lange, an den Rändern gekerbte Blätter; 1,20 m

Liebstöckel *(Levisticum officinale)*

Meerrettich *(Armoracia rusticana)*

Kultur: Feuchte Böden; auch halbschattige Lagen; genügend Standraum; Vermehrung durch Teilen, auch Aussaat ab zeitigem Frühjahr (evtl. mit Folie bedecken).
Verwendung: Zarte Blätter, Wurzeln – frisch, trocknen, frosten.

hohe, weiße Blütenstände im zweiten Jahr; kräftige, stangenförmige Hauptwurzel; dünnere Nebenwurzeln (Fechser) zur Vermehrung; Geschmack der Wurzel beißend scharf.
Kultur: Nahrhafte, tiefgründige Böden; genügend Bodenfeuchte.

Geriebener Meerrettich ist eine delikate Speisewürze und ein altes Volksheilmittel.

Apfelminze *(Mentha rotundifolia)*

Krause Minze *(Mentha crispa)*

Verwendung: Wurzeln – frisch, reiben, frosten oder für den Winter in Sand einschlagen.

Küchenpraxis: Fleisch, Fisch, Wurst, Eier, Tomaten, Quark; Wurzelstücke zum Einlegen für Sauerkonserven.

Naturheilkunde: Verdauungsfördernd, harntreibend, antibiotisch.

Minze-Arten
Mentha-Arten

Allgemeines: Lippenblütler; 0,40–0,80 m; mehrjährig. Am bekanntesten sind Pfefferminze *(Mentha × piperita)*, Apfelminze *(Mentha rotundifolia)*, Zitronenminze *(Mentha citrata)*, Ananasminze *(Mentha rotundifolia* 'Bowles')* und Krause Minze *(Mentha crispa)*.

Merkmale: Stark blattduftende und wüchsige Kräuter; Ausläufer bildend.

135

Pfefferminze *(Mentha × piperita)*

Kultur: Feuchte, humusreiche Böden; in sonnigen Lagen höhere Gehalte an ätherischen Ölen; Vermehrung durch Ausläufer (Stolonen) gelingt in der Regel leicht.
Verwendung: Kraut, Blätter – frisch, trocknen.
Küchenpraxis: In kleinen Mengen zu Soßen, Suppen, Rohkost, Quark, Eiern, Gelee, Drinks, Kräuteressig, -wein, und -geist; getrocknet für Arznei- und Haustee.
Naturheilkunde: Magen- und Darmerkrankungen, Blähungen und Krämpfe, unterstützend für Gallen- und Leberfunktionen. Pfefferminzöl zum Einreiben gegen Gliederschmerzen.

Origano: siehe Dost, Echter

Pfefferminze: siehe Minze-Arten

Pimpinelle
Sanguisorba minor
Allgemeines: Rosengewächse; 0,30–0,60 m.
Merkmale: Rosetten mit gestielten, gefiederten Blättern; ab Mai bis Juni runde rötliche Blütenköpfchen; duftende Blätter, die frisch-würzig, nußartig schmecken.

Pimpinelle *(Sanguisorba minor)*

Kultur: Bescheiden an Boden und Lage; nach mehreren Jahren evtl. auswechseln oder umpflanzen; Blütenstiele öfter wegschneiden; Aussaat direkt ins Freie von März bis Mai.
Verwendung: Blätter – frisch, frosten.
Küchenpraxis: Salate, Quark, Eier, „Grüne Soße“, Kräutersuppen, Gemü-

136

se, Tomaten, Fisch, Fleisch; nicht mit-kochen!
Naturheilkunde: Appetitanregend.

Rosmarin
Rosmarinus officinalis
Allgemeines: Lippenblütler; 0,40–0,70 m.

Merkmale: Vierkantige Triebe mit im-mergrünen ledrigen Blättern, stark würziger Duft; im Mai bis Juli blaue bis violette Blüten. Neue winterhärtere Sorten: 'Arp', 'Veitshöchheim', 'Hill

Rosmarin *(Rosmarinus officinalis)*

Hardy'; trotzdem auf Winterschutz achten!

Kultur: Wärme- und winterschutzbedürftig, sonniger Standort; durchlässige, humose Böden; Vermehrung durch Stecklinge und Aussaat; als Kübelpflanze (Hochstämmchen) geeignet.

Verwendung: Triebspitzen und Blätter – frisch, trocknen.

Küchenpraxis: Zu Fleisch-, Grill-, Kartoffel- und Gemüsegerichte; von Anfang an dazugeben; auch für Kräuterwein, -geist und -tee.

Naturheilkunde: Tee bei Appetitlosigkeit und Verdauungsstörungen; als Badezusatz bei Rheuma und Kreislaufbeschwerden. Nicht während der Schwangerschaft.

Salbei, Echter
Salvia officinalis

Allgemeines: Lippenblütler; 0,40–0,70 m.

Echter Salbei *(Salvia officinalis)*

Merkmale: Graugrüne, filzige, längliche Blätter; leicht bitter schmeckend. Gold-Salbei (*S. officinalis* 'Aurea') buntlaubig, marmorierte Blätter, robust; frisches Aroma.

Kultur: Liebt sonnige Standorte; durchlässige, humose Böen; Vermehrung durch Teilen, seltener durch Samen; Winterschutz in rauhen Lagen.

Verwendung: Junge Triebe, Blätter – frisch, trocknen.

Küchenpraxis: Fleisch, Fisch, Gemüse, Suppen, Tomatensalat, Käse.

Naturheilkunde: Zum Gurgeln bei Mund- und Rachenentzündungen, bei mäßigem Schwitzen, Magen-Darmbeschwerden; nicht über längere Zeit in zu hoher Dosis einnehmen!

Sauerampfer, Großer
Rumex acetosa

Allgemeines: Knöterichgewächse; 0,30–0,70 m.

Merkmale: Pfeilförmige, säuerlich schmeckende Blätter; ab Mai Blütenrispen. Blut-Ampfer (*R. sanguineus*) rote Blattadern, schwächer wüchsig, weniger sauer.

Kultur: Feuchte, humose Böden; gedeiht auch noch im Halbschatten; Blütenstiele öfter ausbrechen (!); Vermehrung durch Teilung, Aussaat ab März bis April oder August bis September direkt ins Freie.

Verwendung: Junge Blätter – frisch.

Küchenpraxis: Salate, Suppen, Gemüse, „Grüne Soße", Fisch und Quark.

Naturheilkunde: Blutreinigend, appetitanregend, insgesamt nur sparsam verwenden, besonders bei Kindern!

138

Großer Sauerampfer *(Rumex acetosa)*

Thymian, Echter
Thymus vulgaris
Allgemeines: Lippenblütler; 0,30 m.
Merkmale: Stark verästelter Zwergstrauch; schmale, feste, winterharte Blättchen; stark duftend; rosafarbene Blüten ab Mai. Zitronenthymian ist ein empfehlenswerter Thymianbastard.
Kultur: Trockene, sonnige Standorte; Steingartenpflanze; Vermehrung durch Aussaat (geschützte Vorkultur ab Februar, Aussaat ins Freie ab Ende März), Teilen und Stecklinge.
Verwendung: Junge Triebe – frisch, trocknen.
Küchenpraxis: Fleisch, Wurst, Pasteten, Gemüse, Kartoffeln, Soßen, Pizza, Pilze, Hülsenfrüchte, Schmalz.

Naturheilkunde: Auswurffördernd, krampflösend, verdauungsfördernd, Tee bei Husten und Keuchhusten, Magen-Darm-Beschwerden, Gurgelmittel bei Halsentzündungen.

Echter Thymian *(Thymus vulgaris)*

Tripmadam
Sedum reflexum
Allgemeines: Dickblattgewächse; 0,15–0,20 m.
Merkmale: Spitze, fleischige, grüne bis bläuliche Blättchen; gelbe Blüten von Juni bis August.
Kultur: Sonnige Standorte; auf mageren Böden; in Steingärten; Vermehrung durch Teilen.
Verwendung: Triebspitzen – frisch.
Küchenpraxis: Rohkost, Salate, Soßen.

139

Tripmadam *(Sedum reflexum)*

Waldmeister *(Galium odoratum)*

<u>Naturheilkunde:</u> Blutreinigend, harn-
treibend.

Waldmeister
Galium odoratum
<u>Allgemeines:</u> Rötegewächse; 0,30 m.
<u>Merkmale:</u> Vierkantige Stengel mit
dunkelgrünen, schmalen Blättchen in
Quirlen; beim Welken entsteht typischer Cumarinduft; im Mai duftende,
weiße Blüten; Bodendecker!
<u>Kultur:</u> Lockere, feuchte Böden und
schattige Standorte; Aussaat im
Herbst, Frostkeimer.
<u>Verwendung:</u> Kraut, Blätter – kurz vor
der Blüte ab dem zweiten Jahr – frisch,
anwelken, trocknen.

Waldmeister ist unentbehrlich für die
Maibowle. In den Kleiderschrank gelegt,
soll getrocknetes Kraut gegen Motten
helfen.

Küchenpraxis: Bowlen, Fruchtsäfte, Apfelgelee.
Naturheilkunde: Gegen Nervosität und schlechten Schlaf, krampflösend, wundheilend. Waldmeister kann wegen möglicher leberschädigender Wirkungen nur sehr eingeschränkt und außerdem in sehr geringen Mengen empfohlen werden.

Weinraute
Ruta graveolens
Allgemeines: Rautengewächse; 0,50–1,00 m.

Weinraute *(Ruta graveolens)*

Merkmale: Gefiederte, blaugrüne Blätter; gelbe Blüten in Scheindolden ab Juni; typischer strenger Duft, besonders an warmen Tagen.
Kultur: Bescheidene Ansprüche an Boden; sonnige Lage erwünscht; Vermehrung durch Aussaat; geeignet für

Ysop *(Hyssopus officinalis)*

streng geschnittene Kräuterhecken.
Verwendung: Junge Triebe, zarte Blätter – frisch.
Küchenpraxis: Fleisch, Fisch, Aalsuppe, Soßen, Suppen, Kräuterwein – sparsam verwenden.
Naturheilkunde: Verdauungsfördernd, krampflösend, beruhigend, hilft gegen Mundgeruch. Ist als Tee wegen möglicher Nebenwirkungen nicht zu empfehlen. Auf keinen Fall während der Schwangerschaft.

Ysop
Hyssopus officinalis
Allgemeines: Lippenblütler; 0,40–0,60 m.

141

Merkmale: Halbstrauch mit vierkantigen Stengeln und schmalen, lanzettlichen, dunkelgrünen Blättchen; ab Juli hübsche blaue, rosa oder weiße Blüten; stark würzende Pflanze.

Kultur: Lockere, trockene Böden; viel Sonne; Vermehrung durch Aussaat (ins Freie ab März), Teilen oder Stecklinge; zum Trocknen kurz vor der Blüte schneiden.

Verwendung: Junge Blätter, Triebe – frisch, trocknen.

Küchenpraxis: Soßen, Suppen, Hülsenfrüchte, Kartoffeln, Sellerie, Tomaten, Braten, Quark, Kräuterwein, Kräutergeist, Kräuterlikör.

Naturheilkunde: Husten, Magen- und Darmerkrankungen; Tee wirkt verdauungsfördernd und schweißmindernd; bewährt als Gurgelmittel.

Zitronenmelisse
Melissa officinalis

Allgemeines: Lippenblütler; 0,50–1,00 m.

Merkmale: Vierkantige, behaarte Stengel mit eiförmigen, am Rande gekerbtgesägten Blättern; ab Juli weiße bis bläuliche Blüten; beim Zerreiben der Blätter typischer Zitronengeruch.

Kultur: Warme, geschützte Standorte und humose, durchlässige Böden; Vermehrung: Aussaat, Teilen, Stecklinge.

Verwendung: Triebe, Blätter – frisch, trocknen, frosten.

Küchenpraxis: Salate, Quark, Fisch, Geflügel, Leber, Wild – nicht mitkochen! Für Tee kurz vor der Blüte ernten.

Naturheilkunde: Tee und Melissengeist

Zitronenmelisse *(Melissa officinalis)*

wirken beruhigend, schlaffördernd und krampflösend bei nervösen Kopfschmerzen und Magen-Darm-Beschwerden.

Sondergruppe zwiebel- und lauchartige Pflanzen

Knoblauch
Allium sativum

Allgemeines: Liliengewächse; 0,20–0,70 m; in Kultur einjährig.

Merkmale: Um eine Hauptzwiebel sind Nebenzwiebeln, sogenannte Zehen, angeordnet; schmale, überhängende Blätter; doldenartige weiße bis rötliche Blütenstände von Juni bis August; die

Knoblauch *(Allium sativum)*

Knoblauch-Schnittlauch *(Allium tubero-sum)*

ganze Pflanze riecht charakteristisch nach Knoblauch.

Kultur: Vermehrung durch Zehen, seltener Brutknöllchen im Frühjahr oder Herbst, humusreicher Boden ist vorteilhaft; vollsonnige Standorte.

Verwendung: Zehen – frisch, trocknen; Knoblauchgrün – frisch, wie Schnittlauch.

Küchenpraxis: Fleisch, Wurst, Suppen, Soßen, Salate, Rohkost, Gemüse, Quark; geschickt dosieren.

Naturheilkunde: Gärungswidrig, antibakteriell, verdauungsfördernd, galletreibend, blutdrucksenkend, vorbeugend gegen Alterserscheinungen, bei Bronchitis.

Knoblauch-Schnittlauch
Allium tuberosum
Allgemeines: Liliengewächse; 0,20–0,40 m.
Merkmale: Abgeschwächter Knoblauchgeschmack.
Kultur: Bedingt winterhart, in rauhen Lagen ab April jährlich neu säen.
Verwendung und Küchenpraxis: Wie Schnittlauch.

Porree, Lauch
Alllum porrum
Allgemeines: Liliengewächse, 0,40–0,90 m.
Merkmale: Aus *Allium ampeloprasum* entstanden; alte Kulturpflanze; Schaft-

Porree, Lauch *(Allium porrum)*

statt Zwiebelbildung; milder als Zwiebeln im Geschmack; bildet im zweiten Jahr kugeligen Blütenstand und Samen.

Kultur: Ganzjährig; möglichst freie, sonnige Lagen; kräftige, nährstoffreiche Böden; bei Überwinterung Frostschutz; verschiedene Anbausätze möglich; Direktaussaat oder Vorkultur; geeignet für Mischkulturen, z. B. mit Möhren.

Verwendung: Blätter mit Schaft – frisch, geschnitten trocknen, Einlegen in Essig, Einschlagen in Sand.

Küchenpraxis: Gemüse, Rohkost, Salate, Fleisch, Fisch, Soßen, Suppen.

Naturheilkunde: Stoffwechselanregend, verdauungsfördernd, harntreibend.

Schnittlauch

Allium schoenoprasum

Allgemeines: Liliengewächse; 0,20–0,30 m.

Merkmale: Röhrenförmige Blätter aus dicht bewurzelten Ballen; rötlich-lilafarbene Blüten; mit würzigem Zwiebelgeschmack.

Kultur: Liebt kalkhaltige, feuchte Böden; gedeiht noch im Halbschatten; Aussaat im Frühjahr, auch Teilen möglich; vorzüglich zur Zimmertreiberei geeignet (siehe Seite 45 f.).

Verwendung: Schnittgrün – frisch, trocknen, frosten, einsalzen.

Küchenpraxis: Vielseitig zu Suppen, Soßen, Salaten, Fleisch, Quark, Eiern, Kartoffeln; erst kurz vor dem Servieren zu den Speisen geben, nicht mitkochen!

Naturheilkunde: Appetitanregend, verdauungsfördernd.

Zwiebelarten (Liliengewächse)

Luft- oder Etagenzwiebel

Allium cepa var. *viviparum*

Allgemeines: 0,30–1,20 m; mehrjährig; Vermehrung durch Teilung oder Brutzwiebeln.

Schalotten

Allium ascalonicum

Allgemeines: 0,20–0,80 m; Vermehrung jährlich durch Steckzwiebeln.

Schnittlauch *(Allium schoenoprasum)*

Luftzwiebeln *(A. cepa var. viviparum)*   Schalotten *(Allium ascalonicum)*

145

Rechts: Speisezwiebeln *(Allium cepa)*

sekretionsanregend, vorbeugend bei Erkältungskrankheiten, gegen Husten.

Winterheckzwiebeln *(Allium fistulosum)*

Als Steckzwiebeln lassen sich Schalotten und Speisezwiebeln leicht vermehren.

Speisezwiebel
Allium cepa
<u>Allgemeines:</u> 0,60–1,20 m; Vermehrung durch Aussaat und Steckzwiebeln im Frühjahr.

Winterheckzwiebel
Allium fistulosum
<u>Allgemeines:</u> 0,30–1,20 m; mehrjährig; Vermehrung durch Teilung und Aussaat.
<u>Küchenpraxis:</u> Der Zwiebelkörper wird bei Speisezwiebeln und Schalotten genutzt, die Zwiebelschlotten bei allen Arten, bei den Luftzwiebeln zusätzlich die Brutzwiebeln.
<u>Verwendung:</u> Vielseitig zu Salaten, Suppen, Gemüse, Fleisch, Wild, Fisch, Pilzen, Rohkost, Brotbelag, Quark, Zwiebelsalz, Zwiebelflocken u. a. m.
<u>Naturheilkunde:</u> Appetitanregend und verdauungsfördernd, harntreibend,

146

Heilkräuter von A bis Z

In den nachfolgenden Pflanzenbeschreibungen werden Hinweise zur Naturheilkunde gegeben. Nur auf die beschriebenen Arten trifft die angegebene Verwendung zu, ihr Gebrauch setzt daher ihre sichere Kenntnis voraus.
Heilpflanzentees sollten immer nur beschränkte Zeit und nicht länger als nötig eingenommen werden, auch Hausteemischungen sollte man öfter wechseln. Behandelt werden dürfen nur leichtere Gesundheitsstörungen, die keiner ärztlichen Behandlung bedürfen. Den Arztbesuch kann dieses Buch auf keinen Fall ersetzen.

Auch Würzkräuter sind wertvolle Heilpflanzen. Mit aromatischen Kräutern werden Nahrungsmittel zu gesundheitlich wertvollen Speisen und Delikatessen. Nicht nur Aussehen und Geschmack können wir mit Kräuterzutaten veredeln, mit ihren wertvollen Inhaltsstoffen wirken sie appetitanregend, verdauungsfördernd und tragen somit wesentlich zu unserem Wohlbefinden und Leistungsvermögen bei.
Ebenfalls als Würzkräuter verwendbare Heilpflanzen finden Sie im Kapitel „Küchenkräuter von A bis Z" (Seite 114 ff.).

Links: Königskerze, Wermut und Salbei – attraktive Heilkräuter im Garten

Einjährige Heilpflanzen

Bockshornklee
Trigonella foenum-graecum
Allgemeines: Schmetterlingsblütler, 0,10–0,25 m.
Merkmale: Zarte, stark beblätterte Stengel; weißliche Blüten; Hülsen mit spitzem Schnabel; starker Geruch.
Kultur: Sonnige Standorte; Aussaat.
Verwendung: Samen für Tee, Breiumschläge.
Naturheilkunde: Husten, kräftigend; Breiumschläge bei Nagelbettentzündungen.

Bockshornklee *(Trigonella foenum-graecum)*

Echte Kamille *(Chamomilla recutita)*   Kornblume *(Centaurea cyanus)*

Kamille, Echte
Chamomilla recutita
Allgemeines: Korbblütler; bis 0,50 m.
Merkmale: Bekannteste einheimische Heilpflanze mit typischem Geruch; erkennbar an hohem Blütenboden und zartfiedrigen Blättern.
Kultur: Bescheidene Ansprüche, sonnige Standorte bevorzugt; Aussaat in Reihen, auch zwischen Gemüsekulturen.
Verwendung: Blüten für Heiltee, Bäder, zum Gurgeln, Hausteemischungen.
Naturheilkunde: Magen- und Darmerkrankungen, Mund- und Rachenentzündungen (gurgeln), Hausmittel bei Zahnschmerzen, Bronchitis (inhalieren).

Koriander: siehe Seite 121 f.

Kornblume
Centaurea cyanus
Allgemeines: Korbblütler,   0,30–0,80 m.
Merkmale: Steife Stengel, graufilzig, Blüten meist leuchtend blau.
Kultur: Kalkarme Böden; verwildert im Garten; anspruchslos; Aussaat.
Verwendung: Blüten für Teegemische.
Naturheilkunde: Bei Verdauungsstörungen, harntreibend.

Lein, Echter: siehe Seite 122 f.

Malve, Wilde
Malva sylvestris
Allgemeines: Malvengewächse; 0,30–1,00 m; einjährig bis mehrjährig.
Merkmale: Langgestielte, drei- bis siebenlappige Blätter; rosa bis violette Blüten von Mai bis September.

Kultur: Anspruchslos; wie Eibisch.
Verwendung: Blüten und Blätter getrocknet für Tee, junge Blätter für Wild-
pflanzensalate
Naturheilkunde: Reizlindernd, entzündungshemmend, bei Magen-Darm-
Beschwerden, Husten; Gurgelmittel.

Mariendistel
Silybum marianum
Allgemeines: Korbblütler; 1,00–
2,50 m; einjährig bis zweijährig.
Merkmale: Kräftiger, aufrechter Sten-
gel; charakteristisch ist die weiß-grüne
Blattzeichnung zur Erkennung; Blü-

Wilde Malve *(Malva sylvestris)*

Mariendistel *(Silybum marianum)*

ten in purpurvioletten Körbchen von Juni bis August.
Kultur: Nährstoffreiche Böden; genügend Standraum; Aussaat.
Verwendung: Samen, zerstoßen für Tee.
Naturheilkunde: Verdauungsbeschwerden, Leber- und Gallenerkrankungen; Wirkstoffe in Industriepräparaten als Leberschutzmittel.

Ringelblume
Calendula officinalis
Allgemeines: Korbblütler; bis 0,60 m.
Merkmale: Orangefarbene oder gelbe Strahlenblüten von Juni bis September, riechen streng würzig.
Kultur: Anspruchslos; Aussaat an Ort und Stelle, vermehrt sich selbst.
Verwendung: Blüten.
Naturheilkunde: Tee zum Gurgeln bei Halsschmerzen, von alters her bei Gallenblasenleiden. Äußere Anwendung als Salbe zur Wundheilung, bei Sonnenbrand.

Ringelblume *(Calendula officinalis)*

Großblütige Königskerze *(Verbascum densiflorum)*

Zweijährige Heilpflanzen

Engelwurz, Echte: siehe Seite 126 f.

Königskerze, Großblütige
Verbascum densiflorum
Allgemeines: Rachenblütler; 0,80– 2,00 m.
Merkmale: Aufrechter Wuchs; Blätter beidseitig wollig-filzig; Blüten hellgelb (Juli); ährenartige Blütenstände.
Kultur: Aussaat im zeitigen Frühjahr (April) am sonnigen, windgeschützten Platz, später auf 0,50 m vereinzeln; anspruchslos; vermehrt sich selbst.
Verwendung: Blüten für Tee.
Naturheilkunde: Wirkt reizlindernd und auswurffördernd bei Husten.

Rechts: Nachtkerze *(Oenothera biennis)*

Mariendistel: siehe Seite 151 f.

Nachtkerze
Oenothera biennis
Allgemeines: Nachtkerzengewächse; 0,60–1,00 m.
Merkmale: Bildet im ersten Jahr Blattrosette, im zweiten Jahr Schaft mit wechselständigen Blättern und gelben Blüten ab Juli; süß duftend.
Kultur: Unproblematisch; Aussaat, selbstvermehrend.
Verwendung: Wurzeln vor der Blüte für Wildgemüseernte; Samen zur Heilölgewinnung.
Naturheilkunde: Blutreinigend, Samenöl in Industriepräparaten gegen Neurodermitis.

Tausendgüldenkraut, Echtes
Centaurium erythraea
Allgemeines: Enziangewächse; bis 0,40 m; geschützte Pflanze.
Merkmale: Zierliche Pflanze mit grundständiger Blattrosette; sitzende Blätter an dünnen, kantigen Stengeln; Blüten rosa in Scheindolden von Juli bis September.
Kultur: Aussaat, Vorkultur; Auspflanzen auf fruchtbaren Böden.
Verwendung: Das Kraut getrocknet für Tee.
Naturheilkunde: Appetitanregend und verdauungsfördernd, vermehrt Speichel, Magensaft und Gallensekretion, soll auch den Kreislauf günstig beeinflussen.

Mehrjährige Heilpflanzen

Alant, Echter
Inula helenium
Allgemeines: Korbblütler; bis 2,00 m.
Merkmale: Bis 0,50 m lange, weich behaarte Blätter; mit starkem, tiefreichendem Wurzelstock; von Juli bis

Echtes Tausendgüldenkraut *(Centaurium erythraea)*

Echter Alant *(Inula helenium)*

September leuchtend gelbe Korbblüten wie kleine Sonnenblumen.
Kultur: Sonniger Stand; nährstoffreicher Boden, am besten Lehmböden.
Verwendung: Teile des Wurzelstockes größerer Pflanzen zur Teebereitung.
Naturheilkunde: Schleimlösend bei Bronchitis und Husten, regt Verdauung und Nierentätigkeit an, in größeren Gaben giftig, außerdem besteht ein gewisses Allergierisiko.

Ananasminze: siehe Minze-Arten, Seite 135 f.

Andorn, Weißer
Marrubium vulgare
Allgemeines: Lippenblütler; bis 0,60 m.
Merkmale: Pflanze mit schwach aromatischem Geruch, graufilzigen, eiförmigen, gegenständigen Blättern und kleinen, weißen Lippenblüten in den Blattachseln.
Kultur: Einzelpflanzen im Kräutergarten; ohne besondere Ansprüche.
Verwendung: Ernte blühender Sproßspitzen für Teebereitungen.
Naturheilkunde: Gegen Husten, Galle- und Leberleiden, Magenbeschwerden.

Apfelminze: siehe Minze-Arten, Seite 135 f.

Arnika, Berg-
Arnica montana
Allgemeines: Korbblütler; bis 0,60 m; geschützte Pflanze.
Merkmale: Rosetten mit drüsig-flaumig behaarten Blütenstengeln und an

Weißer Andorn *(Marrubium vulgare)*

diesen gegenständige, kleine Blättchen; endständige, orangegelbe Korbblüten ab Juni.
Kultur: Sonnige Lagen; nicht zu feuchte, kalkarme Standorte.
Verwendung: Getrocknete Blüten (Juli-Ernte), Wurzelstöcke (ab September ernten).
Naturheilkunde: Entzündungshemmend und wundheilend. Nur zur äußerlichen Anwendung bei Verstauchungen, Prellungen, Blutergüssen und zur Förderung der Wundheilung

155

Naturheilkunde: Nervenberuhigend, schlaffördernd, auch bei nervös bedingten Magen-Darm- und Herzbeschwerden, wenn keine anderen Ursachen vorliegen.

Berg-Arnika *(Arnica montana)*

Arznei-Baldrian *(Valeriana officinalis)*

(Überempfindlichkeitsreaktionen sind möglich).

Baldrian, Großer; Arznei-Baldrian
Valeriana officinalis
<u>Allgemeines:</u> Baldriangewächse; 0,50–1,50 m.
<u>Merkmale:</u> Unpaarig gefiederte, gegenständige Blätter; doldenartige Blütenstände, weiß bis rosa blühend im Mai bis August; Wurzeln mit typischem Geruch.
<u>Kultur:</u> Sonnige Standorte; humose nährstoffreiche Böden.
<u>Verwendung:</u> Wurzeln für Tee.

Der Duft von Baldrian vermag auf Katzen eine magische Anziehungskraft auszuüben.

156

Gemeiner Beinwell *(Symphytum officinale)*

Beinwell, Gemeiner
Symphytum officinale
<u>Allgemeines:</u> Rauhblattgewächse; bis
1,50 m.
<u>Merkmale:</u> Starkwachsende Staude
mit großen länglichen, eiförmigen
Blättern; mit malvenfarbigen oder
weißlichen Glockenblüten ab Mai bis
August.
<u>Kultur:</u> Ohne Probleme; möglichst in
vollsonnigen feuchten Lagen; meist
genügt eine Pflanze im Kräutergarten.
<u>Verwendung:</u> Wurzeln.
<u>Naturheilkunde:</u> Äußerlich zu Um-
schlägen bei Quetschungen, Verstauchungen, Blutergüssen, Rheuma. Von
innerlicher Anwendung wird abgera-
ten.

Dost, Echter: siehe Seite 131 f.

Eberraute
Artemisia abrotanum
<u>Allgemeines</u>: Korbblütler; bis 1,00 m.
<u>Merkmale:</u> Graugrüne, fein gefiederte
Blättchen, nach Zitrone duftend; aromatisch mit bitterem Nachge-
schmack.
<u>Kultur:</u> Liebt kalkhaltige, humose Bö-
den und trockene, warme Standorte;
Vermehrung durch Teilung und Stecklinge; Winterschutz!
<u>Verwendung:</u> Frische Triebspitzen in

Eberraute *(Artemisia abrotanum)*

157

kleinen Mengen zu Salaten, Soßen und Braten; Schnittgrün für Sträuße.
Naturheilkunde: Magenstärkend, verdauungsfördernd.

Eibisch, Echter
Althaea officinalis
Allgemeines: Malvengewächse; 0,60–1,30 m; geschützte Pflanze.
Merkmale: Untere Blätter handförmig gelappt, obere eiförmig zugespitzt, gesägt; Blüten weiß oder blaßrosa von Juli bis September.
Kultur: Feuchte Böden und warme Lagen bevorzugt; anspruchslos.
Verwendung: Blätter (Mai bis Juli), Wurzel (Oktober bis April) für Tee.

Naturheilkunde: Erkrankungen der Atmungsorgane, Husten, Heiserkeit, Magen- und Darm-Katarrh.

Eisenkraut
Verbena officinalis
Allgemeines: Eisenkrautgewächse; 0,30–1,00 m.
Merkmale: Aufrechtstehend, blüht in blaßvioletten Ähren mit langen, dünnen Zweigen.
Kultur: Sonnige Standorte, sonst anspruchslos; Aussaat.
Verwendung: Blühende Pflanzen für Tee.
Naturheilkunde: Früher bei den unterschiedlichsten Beschwerden sehr ge-

Echter Eibisch *(Althaea officinalis)*

Eisenkraut *(Verbena officinalis)*

schätzt, stoffwechselanregend, harntreibend, bei Heiserkeit gurgeln.

Enzian, Gelber
Gentiana lutea
Allgemeines: Enziangewächse; 0,50–1,50 m; geschützte Pflanze.
Merkmale: Fleischiger, dicker Wurzelstock; aufrechte, hohle Stengel; große, gegenständige, stark bogennervige Blätter; gelbe Blüten trugdoldig in den Blattachseln; Blüte Juni bis August.
Kultur: Tiefgründiger Boden, nicht über pH 6,5; genügend Standraum (über 0,40 m); etwa fünfjährig bis zur Wurzelernte (Kulturzeit vier bis sieben Jahre); Aussaat, Frostkeimer.

Gelber Enzian *(Gentiana lutea)*

Verwendung: Getrocknete unterirdische Organe (Wurzeln und Rhizome) für Tee, Kräutergeist (Enziangeist).
Naturheilkunde: Appetitlosigkeit, Magenbeschwerden, kräftigend.

Fenchel, Garten-: siehe Seite 132 f.

Fencheltee mit Honig hilft bei Husten und Heiserkeit.

Fieberklee *(Menyanthes trifoliata)*

Fieberklee
Menyanthes trifoliata
Allgemeines: Fieberkleegewächse; 0,10–0,30 m; geschützte Pflanze.

Goldmelisse *(Monarda didyma)*

Goldmelisse, Indianernessel
Monarda didyma

Merkmale: Kriechender Wuchs; Wurzelstock oft unter Wasser; rote Knospen; weiße, gefranste Blüten im Mai und Juni.
Kultur: In sumpfigem Gelände oder Gartenteich, Vermehrung durch Rhizome.
Verwendung: Blätter; getrocknet für Tee, frisch für Essenzen.
Naturheilkunde: Verdauungsfördernd, appetitanregend, bei Galle- und Leberleiden, früher bei Fieber.

<u>Allgemeines:</u> Lippenblütler; 0,80–1,50 m.
<u>Merkmale:</u> Kantige Stengel und spitzeiförmige, gezähnte, duftende Blätter; rote Blüten in Quirlen von Juni bis Oktober.
<u>Kultur:</u> Anspruchslos; sonnige Lagen. Vermehrung durch Teilen und Stecklinge.
<u>Verwendung:</u> Blüten, blühendes Kraut und Blätter für Tee, Kaltgetränke.
<u>Naturheilkunde:</u> Verdauungsstörungen, Husten.

Heiligenkraut *(Santolina chamaecyparissus)*

Heiligenkraut
Santolina chamaecyparissus

Allgemeines: Korbblütler; 0,20–0,50 m.

Merkmale: Graufilzige, fiedrige Blättchen, würzig riechend; am niederliegenden Stengel aufgerichtete Zweiglein mit goldgelben Blütenkörbchen von Juni bis August.

Kultur: Trockene, sonnige Lage; anspruchslos.

Verwendung: Blühende Sproßteile und Blätter vor der Blüte.

Naturheilkunde: Früher als wurmtreibendes Mittel verwendet, heute aber nicht mehr gebräuchlich; als Mottenmittel einsetzbar.

Herzgespann, Echtes
Leonurus cardiaca

Allgemeines: Lippenblütler; 0,50–1,50 m.

Merkmale: Vierkantige Stengel; gezähnt-gelappte Blätter; Blüten rosa bis rot von Juni bis September.

Kultur: Einzelpflanzen im Kräutergarten; nährstoffreicher Boden; sonniger und weiter Stand (0,40–0,50 m); Aussaat im Frühjahr.

Verwendung: Blühende Sproßspitzen für Tee.

Naturheilkunde: Beruhigend bei ner-

Echtes Herzgespann *(Leonurus cardiaca)*

161

vösem Herzklopfen; Blähungen, Verdauungsstörungen.

Holunder, Schwarzer
Sambucus nigra
Allgemeines: Geißblattgewächse; bis über 7,00 m.
Merkmale: Holz mit weißem, weichem Mark; Blüten weiß, Beeren schwarzviolett.
Kultur: Pflanzung als ein- oder zweijährige Sträucher; sonniger Stand erwünscht; anspruchslos.
Verwendung: Blüten, Früchte.
Naturheilkunde: Schweiß-, harntreibend; keine grünen, rohen Früchte verwenden.

Indianernessel: siehe **Goldmelisse, Seite 160**

Schwarzer Holunder *(Sambucus nigra)* – Blüte

Schwarzer Holunder – Frucht

Johanniskraut, Tüpfel-
Hypericum perforatum
Allgemeines: Johanniskrautgewächse; 0,50–1,00 m.
Merkmale: Gegenständige Blätter, länglich, ganzrandig, durchscheinend punktiert; Blüten goldgelb von Juni bis September in Trugdolden; beim Zerdrücken der Blüten roter Saft.
Kultur: Anspruchslose Pflanze; trockene Böden.
Verwendung: Blätter, blühende Sproßspitzen zu Tee, Blüten zu Kräuteröl.
Naturheilkunde: Tee bei nervöser Unruhe, Schlaflosigkeit; Öl bei kleinen Wunden, Verstauchungen, bei Nerven- und Rheumaschmerzen. Achtung: Der Wirkstoff Hypericin ist hautsensibilisierend, deshalb nach der Anwendung direkte Sonne meiden!

grünen, herzförmigen Blättern; Blüten weiß-rosa, rötlich gesprenkelt, von Juni bis September; Pflanzen riechen stark minzeartig.

Kultur: Anspruchslos; auch für Ziergärten geeignet.

Verwendung: Blühende Sproßspitzen für Tee.

Naturheilkunde: Nur noch selten bei Husten und Durchfall.

Echte Katzenminze *(Nepeta cataria)*

Tüpfel-Johanniskraut *(Hypericum perforatum)*

Aus den zerdrückten gelben Blütenblättern des Johanniskrauts tritt das sogenannte rote Johannisblut (Hypericin) aus.

Katzenminze, Echte
Nepeta cataria
Allgemeines: Lippenblütler; 0,50–1,00 m.
Merkmale: Behaarte Stengel mit grau-

Löwenzahn *(Taraxacum officinale)*

Blühenden Lavendel kann man zu Sträußen binden und trocknen, um ihn später z. B. zu Duftzwecken oder als Badezusatz zu verwenden.

Lavendel, Echter: siehe Seite 133 f.

Liebstöckel: siehe Seite 134

Löwenzahn
Taraxacum officinale
<u>Allgemeines:</u> Korbblütler; bis 0,30 m.
<u>Merkmale:</u> Pfahlwurzel; Blätter in grundständiger Rosette; Blütenköpfe gelb (März bis Oktober).
<u>Kultur:</u> Unproblematisch; Aussaat.
<u>Verwendung:</u> Wurzel und Kraut vor der Blüte für Teezubereitung, Wurzel geröstet als Kaffee-Ersatz; junge Blätter im Frühjahr für Salat.
<u>Naturheilkunde:</u> Magenwirksam, blutreinigend, harntreibend, fördert die Gallensekretion; Tee auch bei Rheuma und Gicht.

Malve, Wilde: siehe Seite 150 f.

Minze, Krause: siehe Seite 135 f.

Pfefferminze: siehe Seite 135 f.

Die meisten Minzearten wachsen schnell und bilden viele Wurzelausläufer, die sich zur Vermehrung eignen.

164

Rhabarber, Arznei-
Rheum palmatum
Allgemeines: Knöterichgewächse; 2,00–3,00 m.
Merkmale: Große, gelappte, langgestielte Blätter, allgemein bekannt.
Kultur: Nahrhafte Böden; ausreichend sonniger Standraum, dekorative Einzelpflanze.

Sanddorn *(Hippophaë rhamnoides)*

Rosmarin: siehe Seite 137 f.

Salbei, Echter: siehe Seite 138

Sanddorn
Hippophaë rhamnoides
Allgemeines: Ölweidengewächse; 2,00–6,00 m.
Merkmale: Bekannter dorniger Baum bzw. Strauch; Blätter 5–8 cm lang und schmal; zweihäusig, also mehrere Exemplare anpflanzen.
Kultur: Pflanzung als ein- oder zweijährige Sträucher; sonniger Stand, sonst anspruchslos.
Verwendung: Gelbe bis orangerote Scheinbeeren, Ernte im September und Oktober.
Naturheilkunde: Wertvoll durch reichlich Vitamin C; appetitanregend; kräftigend.

Arznei-Rhabarber *(Rheum palmatum)*

Verwendung: Unterirdische (geschälte) Organe für Tee.
Naturheilkunde: In kleinen Gaben appetitanregend und stopfend, in höheren Gaben abführend. Nicht während Schwangerschaft und Stillzeit.

Sanddornfrüchte haben einen hohen Vitamin C-Gehalt. Da sie sehr empfindlich sind (platzen leicht), ist bei der Ernte Umsicht geboten.

Schafgarbe, Gewöhnliche
Achillea millefolium
Allgemeines: Korbblütler; 0,50–0,80 m.
Merkmale: Aufrechte, behaarte Sten-

Gewöhnliche Schafgarbe *(Achillea millefolium)*

gel; Blätter doppelt gefiedert; Blüten weiß oder rötlich-weiß.
Kultur: Anspruchslos an Boden, wenn genügend feucht; Aussaat.
Verwendung: Blühendes Kraut und Blüten für Heiltee.
Naturheilkunde: Als Tee entzündungshemmend, krampflösend, verdauungsfördernd, Hausmittel bei Darm-, Magen- und Gallestörungen, Menstruationsbeschwerden. Äußerlich als Wundheilmittel und bei Hauterkrankungen.

Schlüsselblume, Echte
Primula veris
Allgemeines: Primelgewächse, bis 0,25 m; geschützte Pflanze.
Merkmale: Blätter eiförmig und leicht filzig; Blüten dottergelb von April bis Mai.
Kultur: Kalkfreie Böden bevorzugt; Aussaat und Jungpflanzenanzucht im April (Kaltkeimer), Samen werden nicht bedeckt.
Verwendung: Blüten mit Kelchen für

Echte Schlüsselblume *(Primula veris)*

Heiltees; Wurzelstock für Teemischungen.
Naturheilkunde: Schleimlösend, auswurffördernd, harntreibend. Teeaufguß bei Husten, Bronchitis, Erkältungen.

Spitzwegerich
Plantago lanceolata
Allgemeines: Wegerichgewächse; bis 0,30 m.
Merkmale: Grundständige Rosette; lange, am Grund verschmälerte Blätter; Blüten in kleinen, eiförmigen Ähren.
Kultur: Pflegeleichte Pflanzen; durch

167

Spitzwegerich *(Plantago lanceolata)*

Schmalblättriges Weidenröschen *(Epilobium angustifolium)*

Aussaat vermehrbar; druckempfindliches Erntegut.
Verwendung: Kraut für Tee und Breiumschläge; Preßsaft im Frühjahr bis Blüte.
Naturheilkunde: Reizmildernd, entzündungswidrig, wundheilend, gegen Husten und zum Gurgeln bei Halsentzündungen; Breiumschläge bei Insektenstichen und Quetschungen.

Thymian, Echter: siehe Seite 139

Waldmeister: siehe Seite 140 f.

Weidenröschen, Schmalblättriges
Epilobium angustifolium
Allgemeines: Nachtkerzengewächse; 0,70–1,50 m.
Merkmale: Wechselständige Blätter an steifen Stengeln; hellrosa Blüte; langgestreckte Fruchtkapseln.
Kultur: Anspruchslos; verbreitet sich selbst weiter.
Verwendung: Die Blätter getrocknet für Tee.
Naturheilkunde: Beschwerden bei gutartigen Prostataleiden.

Weinraute: siehe Seite 141

Wermut *(Artemisia absinthium)*

Kultur: Sonnige Standorte; anspruchslos an Boden; verträgt Trockenheit;
Vermehrung durch Teilen; meist
genügt eine Pflanze im Kräutergarten.
Verwendung: Frisches und getrocknetes Kraut in sehr kleinen Mengen zu
Fleisch, Eintopf (mitkochen), Kräuterwein und -geist.
Naturheilkunde: Gegen Appetitlosigkeit, als Magen- und Gallentee;
während der Schwangerschaft überhaupt nicht anwenden. Größere Mengen sind gesundheitsschädlich!

Ysop: siehe Seite 141 f.

Zitronenmelisse: siehe Seite 142

Zitronenminze: siehe Seite 135 f.

Wermut
Artemisia absinthium
Allgemeines: Korbblütler, bis 1,50 m.
Merkmale: Silbergrau behaarte, fieder-
teilige Blätter, riechen stark aroma-
tisch und schmecken gallebitter; ab
Juli lockere Rispen mit kleinen, gelben
Blütenköpfchen.

Tabellen und
Übersichten

Anbau- und Erntetabelle für unsere wichtigsten Heil- und Würzkräuter

Deutscher Name	Botanischer Name	Pflanzenfamilie	Einjährig (E), zweijährig (Z), mehrjährig (M)	Wuchshöhe in cm
Anis	Pimpinella anisum	Doldenblütler	E	30 – 80
Barbarakraut	Barbarea vulgaris	Kreuzblütler	Z	30 – 60
Basilikum	Ocimum basilicum	Lippenblütler	E	25 – 60
Beifuß	Artemisia vulgaris	Korbblütler	M	50 – 150
Bohnenkraut, Berg-	Satureja montana	Lippenblütler	M	30 – 50
Bohnenkraut, Sommer-	Satureja hortensis	Lippenblütler	E	10 – 40
Borretsch	Borago officinalis	Rauhblattgewächse	E	50 – 80
Brunnenkresse	Nasturtium officinale	Kreuzblütler	E	10 – 40
Dill	Anethum graveolens	Doldenblütler	E	50 – 120
Dost, Origano	Origanum vulgare	Lippenblütler	M	30 – 50
Eberraute	Artemisia abrotanum	Korbblütler	M	60 – 80
Eiskraut	Mesembryanthemum crystallinum	Mittagsblumengewächse	Z	kriechend
Engelwurz, Echte	Angelica archangelica	Doldenblütler	Z	50 – 200
Estragon	Artemisia dracunculus	Korbblütler	M	50 – 150
Fenchel	Foeniculum vulgare	Doldenblütler	M	80 – 200
Gartenkresse	Lepidium sativum	Kreuzblütler	E	30 – 50
Kapuzinerkresse	Tropaeolum majus	Kapuzinerkressengewächse	E	15 – 30
Kerbel	Anthriscus cerefolium	Doldenblütler	E	30 – 80
Koriander	Coriandrum sativum	Doldenblütler	E	50 – 70
Knoblauch – Zehen	Allium sativum	Liliengewächse	E	20 – 60
Knoblauch – Schnitt	Allium tuberosum	Liliengewächse	E	20 – 40
Kümmel, Gewürz-	Carum carvi	Doldenblütler	Z	40 – 100
Kümmel, Kreuz-	Cuminum cyminum	Doldenblütler	E	15 – 50
Lavendel	Lavandula angustifolia	Lippenblütler	M	30 – 60
Liebstöckel	Levisticum officinale	Doldenblütler	M	100 – 150
Löffelkraut	Cochlearia officinalis	Kreuzblütler	Z	25 – 30
Majoran	Origanum majorana	Lippenblütler	E	25 – 40
Meerrettich	Armoracia rusticana	Kreuzblütler	M	40 – 120

Platzbedarf Samen/m² Portion/m² (kleines, käufliches Samentütchen)	Pflanzen-Abstand in cm	Erntezeit (Monate)	Verwendete Pflanzenteile in der Küche	Anwendung, Lagerung (siehe auch „Küchenkräuter von A bis Z" ab Seite 114)	Besondere Merkmale
2,50 g	30 × 20	VI–IX	Samen, Kraut	T	
1 Portion	25 × 25	XI–IV	Blätter	F	
0,05 g	30 × 25	VI–IX	Kraut, Blätter	F, T, E	B
0,02 g	50 × 50	V–X	Kraut, Blätter	F, T, E	FN
0,50 g	35 × 35	VI–X	Kraut	F, T	B
2,00 g	30 × 25	V–IX	Kraut	F, T, E	B, Bg
0,50 g	40 × 30	V–X	Kraut, Blüten	F	B, FN, Bg
1 Portion	20 × 10	V–VIII	Kraut	F	
2,00 g	30 × 25	VI–IX	Kraut, Samen	F, T, E	B, FN, Bg
1 Portion	25 × 25	VI–X	Kraut, Blätter	F, T, A	B, FN
4 Pflanzen	50 × 50	VI–X	Kraut	F, T	FN
1 Portion	Breitsaat	V–IX	Blätter	F	
3 Pflanzen	50 × 60	VI–X	Blätter	F	FN
3 Pflanzen	50 × 60	V–XI	Kraut	F, T, E, A	FN
1,50 g	40 × 35	VIII–X	Kraut, Samen	F, T, A	B, FN
10,00 g	Breitsaat	III–XI	Kraut	F	
0,5 Portion	20 × 10	VI–X	Blätter, Blüten, Knospen	F	B, FN, Bg
1–2 g	30 × 10	V–XI	Kraut	F, E	FN
1–2 g	30 × 10	VII–IX	Kraut, Samen	F, T	B, FN, Bg
50,00 g	25 × 10	VII–IX	Zwiebel, Blätter	F	Bg
1 Portion	25 × 10	VI–XI	Blätter	F	Bg
1–2 g	30 × 15	VI–VII	Samen, Blätter	I (Blätter = F)	FN, Bg
1 Portion	30 × 10	VIII–IX	Samen	T	FN, Bg
5–6 Pflanzen	40 × 30	VI–XI	Kraut	F, T	B, FN
2–3 Pflanzen	50 × 50	V–X	Kraut, Wurzeln	F, T, E, A	
0,50 g	Breitsaat	I–XII	Kraut	F	
1,00 g	25 × 10	VI–XI	Kraut	F, T, E	B, FN
4–5 Pflanzen	70 × 30	XII–III	Wurzeln	F, E, A	FN

Anwendung, Lagerung: F = Frischverzehr, T = Trocknung, E = Einfrieren (Frosten), A = andere.
Besondere Merkmale: B = Bienen- und Insektenweide, Bg = Bodengesundende Pflanzen, FN = Futterpflanzen für Nützlinge und seltene Insekten.

Anbau- und Erntetabelle für unsere wichtigsten Heil- und Würzkräuter (Fortsetzung)

Deutscher Name	Botanischer Name	Pflanzenfamilie	Einjährig (E), zweijährig (Z), mehrjährig (M)	Wuchshöhe in cm
Paprika	Capsicum annuum	Nachtschattengewächse	E	40 – 60
Petersilie	Petroselinum crispum	Doldenblütler	Z	30 – 90
Pfefferminze	Mentha × piperita	Lippenblütler	M	30 – 60
Pimpinelle	Sanguisorba minor	Rosengewächse	M	30 – 60
Porree (Lauch)	Allium porrum	Liliengewächse	E	40 – 90
Portulak	Portulaca oleracea	Portulakgewächse	E	15 – 30
Rauke, Rukula	Eruca sativa	Kreuzblütler	E	20 – 50
Rosmarin	Rosmarinus officinalis	Lippenblütler	M	50 – 90
Salbei	Salvia officinalis	Lippenblütler	M	40 – 60
Sauerampfer, Großer	Rumex acetosa	Knöterichgewächse	M	30 – 70
Schnittlauch	Allium schoenoprasum	Liliengewächse	M	20 – 30
Sellerie – Schnitt	Apium graveolens	Doldenblütler	E (Z)	40 – 60
Senf, Weißer	Sinapis alba	Kreuzblütler	E	60 – 120
Tripmadam	Sedum reflexum	Dickblattgewächse	M	15 – 20
Thymian	Thymus vulgaris	Lippenblütler	M	20 – 30
Waldmeister	Galium odoratum	Rötegewächse	M	15 – 30
Weinraute	Ruta graveolens	Rautengewächse	M	30 – 60
Ysop	Hyssopus officinalis	Lippenblütler	M	40 – 60
Zitronenmelisse	Melissa officinalis	Lippenblütler	M	40 – 80
Zwiebel, Speise-	Allium cepa	Liliengewächse	E	60 – 120
Zwiebel, Winterheck-	Allium fistulosum	Liliengewächse	M	30 – 100
Zwiebel, Luft-	Allium cepa var. viviparum	Liliengewächse	M	30 – 120
Zwiebel, Schalotten	Allium ascalonicum	Liliengewächse	E	20 – 80

Platzbedarf Samen/m² Portion/m² (kleines, käufliches Samentütchen)	Pflanzen-Abstand in cm	Erntezeit (Monate)	Verwendete Pflanzenteile in der Küche	Anwendung, Lagerung (siehe auch „Küchenkräuter von A bis Z" ab Seite 114)	Besondere Merkmale
10 Pflanzen	30 × 30	VII–X	Frucht	F	
0,50 g	20 × 10	IV–XII	Kraut	F, T, E	FN
5–6 Pflanzen	30 × 40	V–X	Kraut, Blätter	F, T	FN, Bg
8–10 Pflanzen	30 × 30	IV–XII	Kraut, Blätter	F, E	Bg
1,50 g	30 × 15	VIII–V	Kraut	F, T	Bg
10,00 g	Breitsaat	VI–X	Kraut, Blätter	F	Bg
1–2 g	20 × 10	IV–XI	Kraut	F	B
5–6 Pflanzen	50 × 30	V–XI	Blätter	F, T, A	B, FN
1,50 g	40 × 15	VI–XII	Kraut, Blätter	F, T, A	B, FN
2,00 g	25 × 10	IV–XII	Blätter	F	
0,5–1 g	30 × 5	IV–XI	Blätter	F, T	
8–10 Pflanzen	90 × 30	VII–XI	Blätter	F, T, E	Bg
1–2 g	25 × 10	IV–XI	Kraut, Samen	F	B, FN
0,5 Portion	25 × 10	V–XII	Kraut	F	FN
0,5 g	25 × 10	V–XI	Kraut	F, T	B, FN
1 Portion	Breitsaat	V–VI	Kraut	F, T	
0,5 Portion	40 × 15	V–XII	Kraut	F	
8 Pflanzen	50 × 20	IV–XII	Kraut, Blätter	F, T, A	B
5 Pflanzen	50 × 40	IV–XI	Kraut, Blätter	F, T, E, A	FN
1,50 g	20 × 10	V–IX	Zwiebel, Schlotten	F	
2,00 g	20 × 15	III–XI	Schlotten	F	
1,50 g	20 × 20	IV–IX	Schlotten, Zwiebel	F	
200,00 g	20 × 10	VI–IX	Schlotten, Zwiebel	F	

Anwendung, Lagerung: F = Frischverzehr, T = Trocknung, E = Einfrieren (Frosten), A = andere.
Besondere Merkmale: B = Bienen- und Insektenweide, Bg = Bodengesundende Pflanzen, FN = Futterpflanzen für Nützlinge und seltene Insekten.

Kräuter unserer Hausapotheke
(Wichtigste Kräuter für die bekanntesten gesundheitlichen Störungen)

Deutscher Name _Botanischer Name_	Heilanzeigen	Anwendung	Empfohlene Tagesdosis
Holunder, Schwarzer _Sambucus nigra_	Erkältungen, Grippe, schweißtreibend	Teeaufguß von Blüten: 1 TL/Tasse	Blütentee: 3–5 Tassen
		Beerentee: 1 TL/Tasse	Beerentee: 3 Tassen
Johanniskraut, Tüpfel- _Hypericum perforatum_	Nervosität, Schlaflosigkeit nervenstärkend	Teeaufguß: 1 TL/Tasse	2 Tassen (schluckweise)
Kamille, Echte _Chamomilla recutita_	Magen-Darm-Katarrh, Blähungen, Erkältungen, Bronchitis, Entzündungen	Teeaufguß´: 2 TL/Tasse	3 Tassen Rollkur 4–6 Wochen
		Inhalation	mehrmals inhalieren
Minze-Arten _Mentha-Arten_	Magen-Darm-Katarrh, Verdauungsschwäche, Blähungen, gallefördernd; Öl: bei Neuralgien, Rheuma Kopfschmerzen	Teeaufguß: 2 TL/Tasse	2–3 Tassen, nicht länger als 2–3 Wochen hinter- einander
		Öl zum Einreiben	nach Gebrauchsempfehlung
Rosmarin _Rosmarinus officinalis_	Magen-, Darm-, Galle- beschwerden; nicht während der Schwangerschaft anwenden.	Teeaufguß: 1 TL/Tasse	2 Tassen, früh und abends schluckweise
	Bad: Kreislaufbeschwerden, Rheuma	Bad: 50 g in 1 l Wasser aufkochen	
Salbei, Echter _Salvia officinalis_	Magen-Darm-Katarrh, Hals- schmerzen; nicht über längere Zeit in hoher Dosis einsetzen.	Teeaufguß: 1/2 TL/Tasse	2 Tassen, je eine morgens und abends
		Spülen, Gurgeln: 1 TL/Tasse	mehrmals täglich
Schafgarbe, Gewöhnliche _Achillea millefolium_	Magen- und Bauchschmerzen, Übelkeit, Durchfall, Appetitlosigkeit	Teeaufguß: 2 TL/Tasse	2–3 Tassen
Spitzwegerich _Plantago lanceolata_	Husten, Heiserkeit, chronische Katarrhe;	Teeaufguß: 1–2 TL/Tasse	3 Tassen
	Breiumschläge bei Insekten- stichen, Quetschungen	zerquetschte Blätter als Breiumschläge	mehrmals täglich
Tausendgüldenkraut, Echt. _Centaurium erythraea_	Magenschwäche, Verdauungs- störungen, Gallenbeschwerden, Appetitlosigkeit	Teeaufguß: 1 TL/Tasse, auch Kaltauszug	2 Tassen schluckweise über Tag verteilt trinken
Thymian, Echter _Thymus vulgaris_	Bronchitis, Magen-Darm- Katarrh, Erkältungen	Teeaufgruß: 1 TL/Tasse	2 Tassen (schluckweise tagsüber)
		Spülungen, Gurgeln	mehrmals täglich
Wermut _Artemisia absinthium_	Magenverstimmung, Gallen- beschwerden, Appetitlosigkeit, Blähungen; nicht während der Schwangerschaft anwenden. Größere Mengen sind gesund- heitsschädlich.	Teeaufguß: 1/2 TL/Tasse	2 Tassen tagsüber verteilt
		Wein: 15–20 g/0,7 l Wein	1 Likörglas Wein
Zitronenmelisse _Melissa officinalis_	Nervöse Störungen, Schlaf- losigkeit, nervöse Magen-Darm- Beschwerden, Kopfschmerzen	Teeaufguß: 2 TL/Tasse	1 Tasse morgens 1 Tasse abends

Weiterführende Literatur

Braun-Bernhart, U.: Kräuter für Balkon und Terrasse. Kosmos, Stuttgart, 2. Aufl. 2002
Fischer-Rizzi, S.: Medizin der Erde. Hugendubel, München, 11. Aufl. 2000
Gümbel, D.: Wie neugeboren durch Heilkräuter-Essenzen und Farben. Haug-Verlag, Heidelberg, 1995
Hensel, W.: Heilkraft aus dem Garten. Kosmos, Stuttgart, 1998

Kremer, B. P.: Heilpflanzen. Kosmos, Stuttgart, 2000
Schönfelder, P. und I.: Der neue Kosmos Heilpflanzenführer. Kosmos, Stuttgart, 2001
Seitz, P.: Kräutergarten. Kosmos, Stuttgart, 2. Aufl. 2001

Bezugsquellen

Alles, was Sie zum Gärtnern brauchen, also z. B. Pflanzenschutz- und Pflanzenpflegemittel sowie Gartengeräte, Töpfe und Erden, erhalten Sie im örtlichen Fachhandel (Gärtnereien, Gartencenter u. a.) und teilweise sogar im Lebensmittelhandel. Die Adressen finden Sie im Branchenfernsprechbuch. Die Pflanzen bekommen Sie gleichermaßen an diesen Verkaufsstellen.

In den einschlägigen Gartenzeitschriften und -magazinen können Sie sich über das Angebot von vielen Gartenfachbetrieben informieren – z. B. Kräuterspezialisten. Im Anzeigenteil finden Sie oft das Angebot der einzelnen Betriebe aufgelistet oder können es anfragen.

Register

Die **halbfett** gedruckten Seitenzahlen weisen auf Abbildungen hin.

181